やさしくわかる

外国人雇用の労務管理

社会保険労務士
古川 飛祐 著

新型コロナウイルス感染拡大に伴う
外国人雇用のポイント

税務経理協会

はしがき

入管法の改正により新たな在留資格「**特定技能**」の制度が創設されてから，２年が経過しました。どんな制度でも，実際に導入されてから明らかになる課題があるものです。新たな制度に注目するだけでなく，**従来の問題点をどのように解決していくのかを，引き続き考え，実行していく**ことも求められるでしょう。

本書は，新しい外国人雇用の制度が施行されてからわかってきた問題点を把握しながら執筆しました。第１章では**外国人就労拡大の背景**や外国人受け入れの歴史，**改正入管法のポイント**などを紹介しています。第２章では**「特定技能」制度のポイント**，第３章では**新制度との関係を含む技能実習生のポイント**を，第４章・第５章では**外国人雇用における労働・社会保険諸法令のポイント**を，わかりやすく解説しています。第６章では**各国との社会保障協定**を，第７章では**外国人雇用の支援体制**を取り上げました。いずれも，制度の説明だけでなく，**現場で直面する問題と対応方法**を，その場面が思い浮かぶように書くことを心がけました。

「特定技能」の在留資格による外国人の数は，あまり増えていません。新型コロナウイルスによる感染症の影響で，海外から部品が入ってこないだけでなく，人も入って来られないという事態が発生しました。では，このような予想外の出来事によって，制度は崩壊してしまうのでしょうか。**立て直すために，どのような対策が採られているのでしょうか**。このような点を，第８章にまとめました。

少子化による人手不足は，年々深刻になっています。特にこの１年余りは，**いかに日本が外国人労働者に依存していたか**ということが，広く知られるようになりました。感染症の脅威がおさまり，再び人の往来が活発になったときには，外国人労働者の**雇い先での差別問題，技能実習生の失踪問題**などにあらためて向き合わなければなりません。これから外国人雇用を考えている企業の皆様にとって，また，身近に外国人労働者がいらっしゃる方にとって，本書が何らかのヒントになれば幸いです。

本書の完成までには，予定の倍以上の時間がかかってしまいました。その間，担当編集者の鈴木利美様からは，刻々と移り変わる現状に対応するためのアドバイスと多彩な資料をいただきました。恩師の秋保雅男先生からも温かく励ましていただき，日本語教室のボランティアの方からも貴重な現場の声を聞くことができました。ありがとうございました。そのほか，本書に関わってくださったすべての方に，この場をお借りして心から御礼を申し上げます。

令和３年３月１日

社会保険労務士　古川飛祐

目　　次

第4章　外国人雇用と労働法

第5章　外国人雇用と社会保険諸法令

第6章　社会保障協定

第８章　新型コロナウイルス感染拡大に伴う外国人雇用のポイント

第1章

外国人の働き方にはどのようなものがあるのか

I　外国人就労拡大の背景

1　外国人留学生

街中で外国人を見かけることは，そう珍しいことではなくなってきました。よく話題になるのは外国人観光客ですが，日本で暮らし，働いている人も大勢います。

たとえば，コンビニエンスストアでは，店員さんの多くが外国人のお店があります。私の家の近所がまさにそうなのですが，会計をしてもらっている間にその様子を見ていると，日本語の達者なこと，仕事の飲み込みの早いことに驚かされます。

彼らの多くは若く，どう見ても10代か，せいぜい20代です。これは，日本に「留学生」としてやってきている人が，アルバイトとして働いている形態が多くなっています。外国人留学生の就労については，１週間に28時間までという労働時間の制限があります。

この場合の在留資格は「留学」で，アルバイトは「資格外活動」として行われます。資格外活動をするためには，許可申請の手続きが必要です。

＜外国人留学生のアルバイト＞

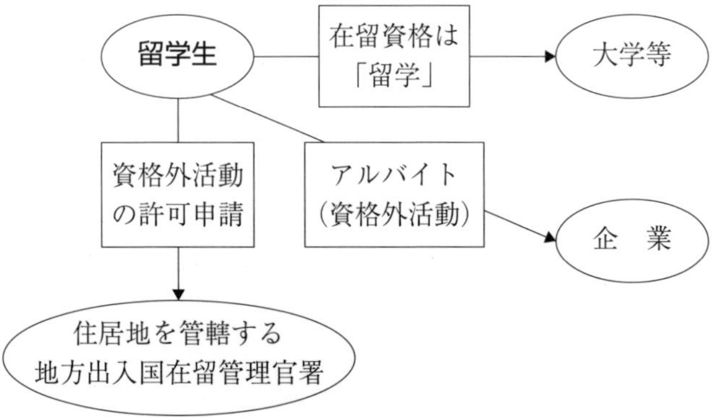

日本学生支援機構（JASSO）の「平成29年度　私費外国人留学生生活実態調査」によると，私費留学生のアルバイト従事率は「全体の約７割以上」となっています。また，その理由は，「日本での生活を維持するために必要だから」が最も高い割合となっています。

<アルバイトに従事する理由>

日本での生活を維持するために必要だから	70.3%
日本人との交流等，良い機会になるから	20.9%
教育・娯楽等にあてる費用を得るため	5.8%

2　経済連携協定（EPA）

日常生活に身近なところでは，「経済連携協定」による外国人労働者の活用も，医療や介護の分野で注目されてきました。これは，二国間協定に基づき，日本の介護施設等で就労・研修をしながら，日本の看護師や介護福祉士の資格取得を目指す制度です。

<外国人介護福祉士候補者の受け入れ>

①　入国（在留資格は「特定活動」）
②　日本語等の研修（特定活動）
③　介護施設・病院等で就労・研修（特定活動）
④　４年目に国家試験を受験

合　格
引き続き就労可能（特定活動）

不合格
帰国する。または，引き続き就労・研修して５年目に再び受験し，合格すれば引き続き就労が可能（特定活動）。この再受験で不合格なら，そこで帰国。

これとは別に，平成29（2017）年から，在留資格「介護」が創設されています。これは，日本の介護福祉士の資格を有する人を対象とする在留資格です。まず「留学」の在留資格で入国し，介護福祉士養成施設（大学，専門学校等）

で２年以上勉強してから介護福祉士の資格を取得し，登録します。その後，在留資格を「介護」に変更し，介護福祉士として働くことになります。

EPAの制度で試験に不合格となった人も，一定の場合は「特定技能」に移行することが可能です。その後，資格取得をすれば，在留資格を「介護」に変更し，日本で永続的に就労することができます。

3　技能実習生

皆さんは，新聞などで，技能実習生に関するニュースを見聞きすることが多いと思います。技能実習制度は，「国際貢献のため，開発途上地域等の外国人を日本で一定期間（最長５年間）に限り受け入れ，OJTを通じて技能等を移転する」というものです。制度の創設は平成５（1993）年で，令和２（2020）年10月末時点での技能実習生は約40.2万人にのぼります。

<技能実習制度の概要（事業協同組合等の「団体監理型」の場合）>

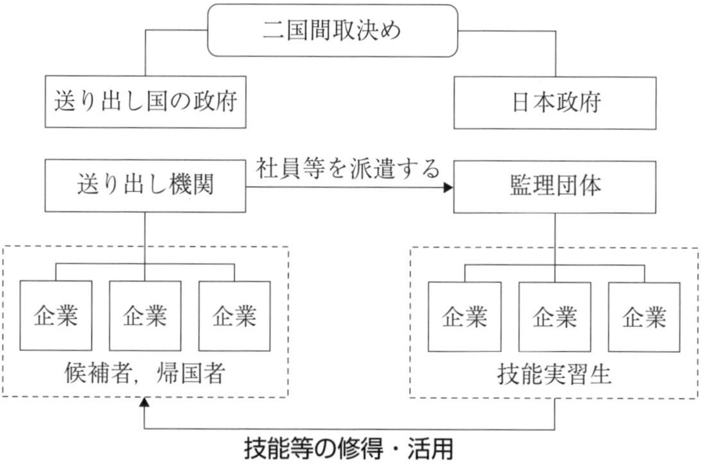

技能実習は，このたびの出入国管理法（入管法）の改正（平成31（2019）年４月１日施行）に特に深く関わるため，**第３章**で詳しく説明します。農業，漁業，食品製造等のさまざまな分野で活用されており，ベトナムからの入国者が

最も多くなっています。

4　その他の外国人労働者

日本で就労している外国人の人数は，全部でどのくらいなのでしょうか。令和2（2020）年10月末の時点では，約172万人とされています。これは，「外国人雇用状況の届出」に基づいたデータで，「外交」，「公用」，「特別永住者」は除かれています。

<日本で就労する外国人の内訳>

①　身分に基づき在留する者（日系人等の「定住者」，「永住者」，「日本人の配偶者」等。活動に制限がなく，さまざまな分野で報酬を受ける活動が可能）⇒ 約54.6万人

②　資格外活動（留学生のアルバイト等）⇒ 約37万人

③　技能実習 ⇒ 約40.2万人

④　就労目的で在留が認められる者（大学教授，企業の経営者・管理者，弁護士，公認会計士，医師，歯科医師，看護師，介護福祉士，中学校・高等学校等の語学教師等の，いわゆる専門的・技術的分野）⇒ 約35.9万人

⑤　特定活動（EPAに基づく外国人看護師・介護福祉士候補者，ワーキングホリデー，外国人建設就労者，外国人造船就労者等）⇒ 約4.5万人

国籍別でみると，ベトナム（約44.3万人），中国（約41.9万人），フィリピン（約18.4万人）の順に多くなっています。

復興事業や東京オリンピック・パラリンピックに対応するため，建設や造船の分野で，緊急かつ時限的な措置としての受け入れも行われています。

Ⅱ　平成30（2018）年の入管法の改正

今回の入管法改正による外国人労働者の受け入れは，**人手不足を補うという**目的を明確にしています。「特定技能」という在留資格が創設され，「介護」については**５年間で最大60,000人**の受け入れを見込んでいます。これは，今回の改正により外国人の受け入れが認められた14の分野の中でも，最大規模です。

医学が進歩し，平均寿命が伸び，人生100年といわれる時代に突入しています。これに関連して，「疾病構造の変化」という言葉を使うことがあります。さまざまな感染症が克服されてきましたし，多くの病気について，治療法が確立されてきました。

ただ，人の体は，どうしてもだんだんと弱っていきます。誰かに助けてもらいたいと思っても，少子化・核家族化が進んでいる現代では，身内の力を借りることも難しくなってきています。

このような背景から平成12（2000）年に介護保険制度が導入され，20年が経過しました。制度の利用者は年々増えていますが，**慢性的な人手不足**が問題となっています。

＜特定技能１号による受け入れ見込み数＞

分　野	受入見込数	従事する業務
介　護 （訪問介護は除く）	60,000人	入浴・食事・排せつの介助，機能訓練の補助　等
ビルクリーニング	37,000人	建築物内部の清掃
素形材産業	21,500人	鋳造，金属プレス加工，仕上げ，溶接，工場板金，機械検査，機械保全，機械加工，めっき　等
産業機械製造業	5,250人	鉄工，プラスチック成形，工業包装，電子機器組立て，ダイカスト，プリント配線板製造　等
電気・電子情報関連産業	4,700人	機械加工，機械保全，塗装，金属プレス加工，電子機器組立て　等
建　設	40,000人	型枠施工，土工，内装仕上げ，左官，屋根ふき，建

		設機械施工，電気通信，トンネル推進工　等
造船・舶用工業	13,000人	溶接，塗装，機械加工，鉄工　等
自動車整備	7,000人	日常点検整備，定期点検整備，分解整備
航　空	2,200人	地上走行支援，航空機整備　等
宿　泊	22,000人	フロント，企画・広報，接客　等
農　業	36,500人	栽培管理，飼養管理，集出荷・選別　等
漁　業	9,000人	水産動植物の採捕，養殖水産動植物の育成管理　等
飲食料品製造業	34,000人	製造，加工，安全衛生
外食業	53,000人	飲食物調理，接客，店舗管理
合　計	345,150人	

5年間の合計で，最大約34万人の受け入れ拡大を見込んでいます。その背景には，**少子高齢化による労働力人口の減少**があります。医療や年金についてよくいわれるのが，「昔は胴上げ型だったのに，今後は肩車型になっていく」という問題です。かつては何人もの人で1人の高齢者に係る財源をわけあって捻出していたのに，やがてはそれが1人で1人の高齢者の分を負担する時代になるということです。

＜社会保障制度の担い手が減っている＞

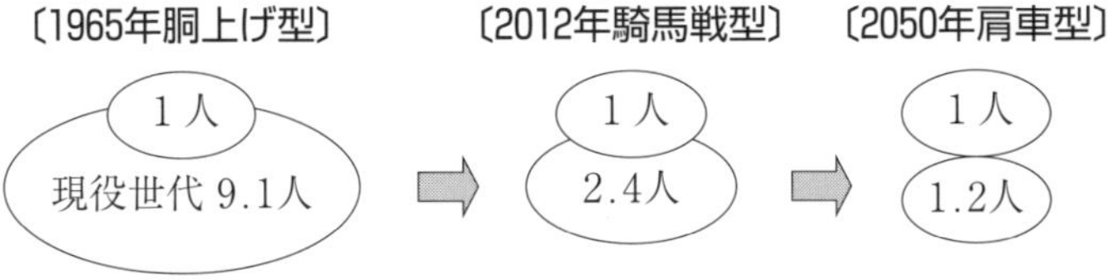

	65歳人口	20〜64歳人口
1965年	618万人（ 6.3%）	5,608万人（57.1%）
2012年	3,083万人（24.2%）	7,415万人（58.2%）
2050年	3,768万人（38.8%）	4,643万人（47.8%）

<出生数の推移>

1947～1949年	約270万人（第１次ベビーブーム）
1971～1974年	約210万人（第２次ベビーブーム）
1984年	150万人を割り込んだ
1991年以降	緩やかな減少傾向
2019年	86万5,234人

上の表の「出生数の推移」にあるとおり，生まれる子どもの数は，70年前の３～４割にまで減っています。その一方で，高齢者は増え，医療・年金・介護等の利用者が増加していきます。

いわゆる「現役世代」がこのように激減したことは，**日本の社会を支える労働者が激減した**ということでもあります。人手不足によってそれぞれの企業活動が縮小に追い込まれれば，日本全体に元気がなくなってしまいます。

次の表は，厚生労働省が平成30（2018）年６月１日に公表した「人手不足の現状把握について」に基づくものです。

<人手不足産業>

順　　位	産　　業
第１位	運輸業，郵便業
第２位	サービス業
第３位	医療，福祉
第４位	宿泊業，飲食サービス業
第５位	建設業
第６位	製造業

外国人の受け入れ拡大には賛否両論がありますが，中小企業の後継者問題も含めて，私たち皆が，人手不足について真剣に考えなければならないことは確かです。

Ⅲ　外国人受け入れの歴史

新たな「特定技能」制度についてよく知るために，まず，これまでの外国人受け入れの経緯をみてみましょう。その歴史は，昭和40（1960）年代頃までさかのぼります。当時は，海外の現地法人などの社員教育として行われていた研修制度が評価され，これが後の技能実習制度の原型となりました。

このような背景の下，まず昭和56年に，海外に支店や関連会社のある企業が外国人研修生を１年間受け入れる制度が創設されました。

その後，平成２（1990）年に在留資格としての「研修」が設けられ，次のような一定の要件を満たす場合に認めることとされました。

- 修得しようとする技術，技能または知識が同一の作業の反復のみによって修得できるものではないこと
- 18歳以上であり，かつ，国籍または住所を有する国に帰国後，日本において修得した技術，技能または知識を要する業務に従事することが予定されていること　　等

この制度のポイントは，あくまでも「研修生」であり，「労働者」ではないということです。企業が賃金を支払うと，それは「不法就労者を使った」ということになってしまいます。時間外や休日の研修も認められません。

「技能実習」の登場は，平成５（1993）年です。最初は，在留資格「特定活動」の一類型として創設され，平成９（1997）年の改正を経て，平成21（2009）年から「技能実習」という単独の在留資格ができました。**技能実習生は労働者ですから，労働基準法等の適用があります。**

＜研修と技能実習の沿革＞

昭和56（1981）年	外国人研修生を１年間受け入れる制度が創設された
平成２（1990）年	在留資格「研修」の創設

平成５（1993）年	在留資格「特定活動」の中に「技能実習」を設けた
平成９（1997）年	技能実習の滞在期間の上限を２年に延長 これにより，研修とあわせて最長３年滞在できるようになった
平成21（2009）年	在留資格「技能実習」の創設（施行は平成22（2010）年） これにより，１年目から「技能実習」での受け入れが可能となった

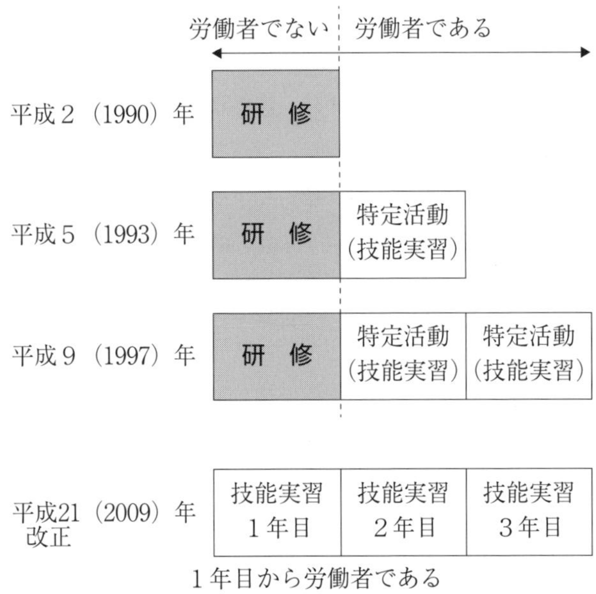

技能実習は，現在は最長で５年まで認められます。

「それにしても，制度がわかりにくいなぁ」と感じる方が多いかもしれません。実際に，研修等の制度の目的を十分に理解せずに，研修生等を低賃金労働者として扱う例がみられました。最近でも，過酷な労働条件を苦にして失踪する技能実習生が後を断ちません。

平成30（2018）年の大改正には，研修生・技能実習生が低い条件の下に労働させられてきた歴史を断ち切りたいという思いも込められています。

Ⅳ これまでの外国人雇用の特徴

平成30（2018）年の大改正についてよく聞かれたのが，**「“単純労働”について外国人労働者の受け入れが解禁された」**という声です。「これまでの就労を目的とする入国は，“高度な人材”に限定されていたのに」ということです。技能実習はどうかといえば，これは，帰国を前提としており，知識や技術を自国へ持ち帰るための制度です。留学生のアルバイトについても，「資格外活動」として許可を得て行う例外的なものです。

私たちが街中で出会う“働く外国人”のすべてが，「日本での長期の就労」をそもそもの目的としているわけではないのです。

政府はこれまで，「専門的・技術的分野には外国人を積極的に受け入れる。単純労働への受け入れは慎重に」という方針をとってきました。次の文章は，法務省入国管理局が平成26（2014）年にまとめた「外国人労働者の受入れについて」という資料の中の，「外国人労働者受入れに関する提案」の一つです。

雇用の安定と公正労働条件の確保

真に高度な専門的知識・技術を持った外国人労働者の受け入れは国際競争力の強化に資するものだが，単純労働者の受け入れなど外国人労働者の受け入れ範囲の安易な拡大は，国内の労働者との競合・代替が生ずるおそれや低賃金労働者を生み出す懸念がある。また，日本語教育など，受け入れ時だけでなく定住に至った後も含めた社会統合にかかる財政負担のあり方を含め国民的な合意が必要である。

（日本労働組合総連合会（2014〜2015年度－2013年７月〜2015年６月－「政策・制度　要求と提言」））

＊　下線は筆者

しかし，平成30年の改正によって，今後はこれまでより多くの分野で，働くことを目的として入国する外国人が認められることになりました。

V　改正入管法のポイント

それでは，平成30年の改正入管法（平成31（2019）年４月１日施行）の概要をみておきましょう。その最も大きな特色は，新たな在留資格の創設です。

＜新たな外国人材受け入れのための在留資格の創設＞

①　在留資格「特定技能１号」「特定技能２号」の創設

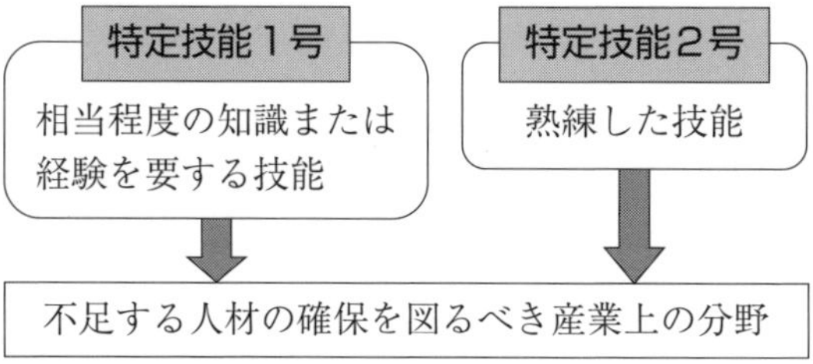

②　受け入れのプロセス等に関する規定の整備

・　基本方針，分野別方針

・　受け入れの一時停止が必要となった場合の規定　　等

③　外国人に対する支援に関する規定の整備

・　受け入れ機関は「支援計画」を作成し，支援を実施する

・　支援計画は所要の基準に適合すること

④　受け入れ機関に関する規定の整備

・　報酬は日本人と同等以上であること

・　雇用契約の適正な履行等，所要の基準に適合すること

⑤　登録支援機関に関する規定の整備

・　特定技能１号外国人に対する支援を「登録支援機関」に委託すれば支援計画の適正な実施について基準に適合するものとみなされる。

⑥　届出，指導・助言，報告等に関する規定の整備

・　受け入れ機関および登録支援機関に対する指導・助言規定

・ 出入国在留管理庁長官による受け入れ機関に対する改善命令　等
⑦ 特定技能２号外国人の配偶者および子に対し，在留資格を付与することを可能とする規定の整備
⑧ その他関連する手続・罰則等の整備

<特定技能１号の場合の概略>

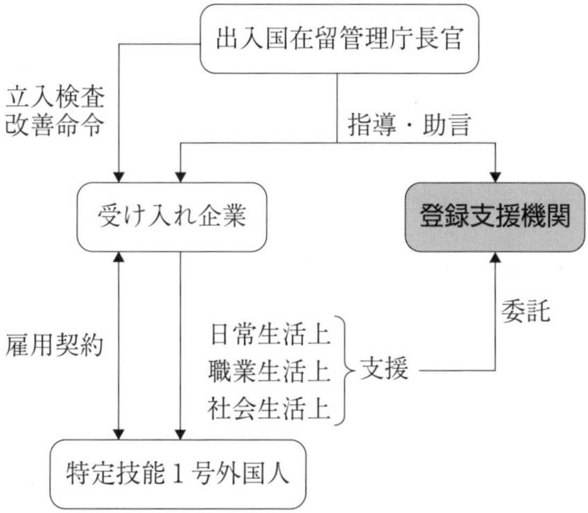

この改正を機に外国人労働者の受け入れを検討している方は，この概略をしっかり押さえてください。

特定技能１号は，さっそく平成31（2019）年４月26日に，初の認定がありました。カンボジアからの技能実習生が，特定技能１号に移行するという形です。20代の女性２人で，分野は「農業」です。２人は，技能実習生としての滞在期間が終わりに近づいていたのですが，今後，新たな在留資格で働き続けることが可能となりました。**特定技能１号での滞在期間は，通算で５年まで**です。

出入国在留管理庁では，四半期ごとに「特定技能」で在留している外国人の人数を公表しています。令和２（2020）年12月末の総数は15,663人です。

Ⅵ　改正入管法に伴う課題

新しい制度が始まるときには，今後の課題はつきものです。

「特定技能１号」の在留資格を得るためには，技能実習を一定期間修了しているか，技能および日本語能力の試験に合格する必要があります。ところが，その試験の実施が遅くなったり，申込者が多すぎて試験を受けられなかったり，という事態が生じました。

＜「特定技能１号」となるための大まかな流れ＞

①　日本国内に在留している者の場合

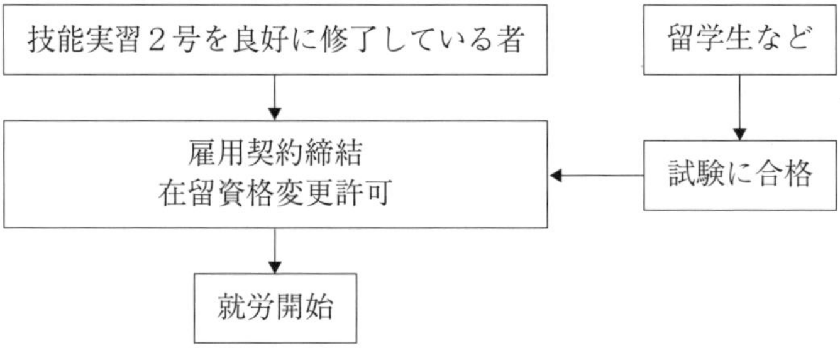

②　海外から来日する者

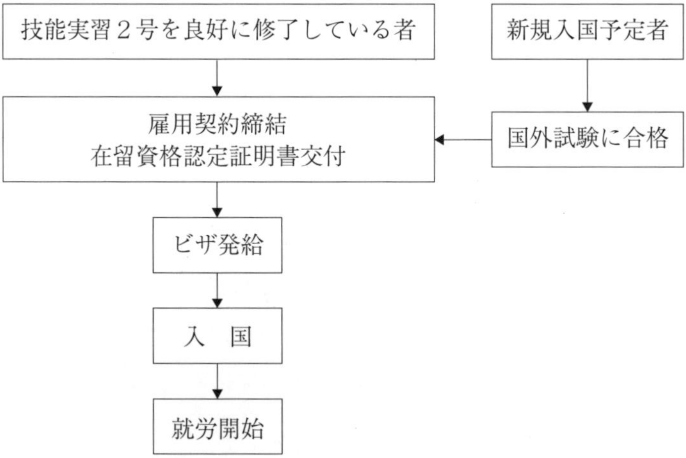

「技能実習２号」というのは，技能実習の２年目・３年目を指します。

先の「カンボジア国籍の女性２人が技能実習生から特定技能１号への移行が認められた事例」は，試験が免除され速やかに移行したケースです。

試験については，まず，フィリピンにおいて「介護」分野の技能を確認する試験が行われました。

日本国内での試験は，平成31（2019）年４月に，「宿泊」「外食」分野の技能試験が相次いで行われました。試験の人気は高く，応募者が殺到しています。国内試験を受験できる人は，当初は中長期在留者などに限定されていましたが，令和２年４月１日からは，**在留資格を有している人なら一律に受験が可能**となりました。

国内・海外とも，新型コロナウイルスの感染拡大で試験が中断されていましたが，徐々に再開されています。

「特定技能の創設で，初めて外国人雇用に関心を持ったけれど，制度も用語もわかりにくい」という方が，少なくないでしょう。

出入国在留管理庁（旧・入国管理局）では，40ページ以上にわたる**「在留資格『特定技能』について」**（https://www.meti.go.jp/press/2019/08/20190809002/20190809002-1.pdf）という資料を作成しています。この資料には，技能実習と特定技能の制度の比較，外国人を受け入れている企業の取り組み例（企業の声，本人の声，給与の支給額など），分野別の問い合わせ先などが掲載されています。外国人の受け入れを検討している方は，ぜひ参考にしてください。

なお，特定技能１号によって働く外国人はベトナム国籍の人が最も多いのですが，「ベトナム語の通訳をする人が足りない」という問題も発生しています。

＜特定技能１号在留外国人数（令和２年12月末）＞

特定産業分野別	
第１位	飲食料品製造業　5,764人
第２位	農　業　2,387人
第３位	建　設　1,319人

国籍・地域別	
第１位	ベトナム　9,412人
第２位	中　国　1,575人
第３位	インドネシア　1,514人

Ⅶ　外国人雇用に関する今後の動向

日本における外国人労働者は，平成28（2016）年に初めて100万人を超えました。

また，東京商工リサーチの「外国人雇用に関するアンケート」（平成30（2018）年）によれば，「外国人を雇用したい」と考えている企業は５割を超えています。

では，政府の姿勢はどうなのでしょうか。新たな在留資格「特定技能」のうち，**「特定技能２号」**は，母国から家族を連れてくることも可能で，**永住への道を開いている**ため，「移民政策では」との批判があります。

実際には，特定技能２号は，当面は造船・舶用工業と建設業に限られ，受け入れ開始時期は制度創設の２年後と，遅めのスタートとなりました。「特定技能」の創設は平成31（2019）年４月ですから，特定技能２号として働く人が発生するのは，早くても令和３（2021）年４月以降です。

特定技能制度の運用に関する基本方針も，改正法施行後２年を目途に見直しが予定されています。

<特定技能制度の導入の流れ>

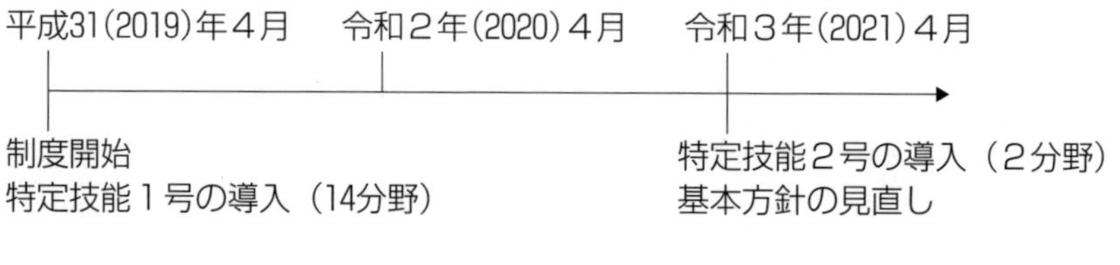

また，政府は，自治体が外国人学校やNPOとも連携し，**外国籍の子の就学把握**を進めていくこととしました。特定技能２号は配偶者や子を連れてくることができますから，**家族を含めた外国人支援**も，今後はますます重要になっていくでしょう。

外国人雇用に関する公式情報は，出入国在留管理庁ホームページのほか，労務管理については厚生労働省のホームページからも得ることができます。随時更新され，わかりやすい資料も掲載されていますので，定期的にチェックしてみてください。

Ⅷ 在留資格と就労の関係

この章の最後に，在留資格と就労の関係（就労が可能かどうか）を，簡単にまとめておきます。「この人を雇いたい」と思える人に出会ったとき，外国人の場合は，何よりもまず**在留資格を確認**しなければなりません。日本人を雇うときよりもいくつか確認事項が増えるわけですが，「ルールを知る」という最初のステップから徐々に慣れていけば，労務管理の枠組みも整っていくでしょう。

＜就労が認められる在留資格（活動制限あり）＞

在留資格	該　当　例
外　交	外国政府の大使，公使等およびその家族
公　用	外国政府等の公務に従事する者およびその家族
教　授	大学教授　等
芸　術	作曲家，画家，作家　等
宗　教	外国の宗教団体から派遣される宣教師　等
報　道	外国の報道機関の記者，カメラマン　等
高度専門職	ポイント制による高度人材*
経営・管理	企業等の経営者，管理者　等
法律・会計業務	弁護士，公認会計士　等
医　療	医師，歯科医師，看護師　等
研　究	政府関係機関や企業等の研究者　等
教　育	高等学校，中学校等の語学教師　等
技術・人文知識・国際業務	機械工学等の技術者等，通訳，デザイナー，語学講師　等
企業内転勤	外国の事務所からの転勤者
介　護	介護福祉士
興　行	俳優，歌手，プロスポーツ選手　等
技　能	外国料理の調理師，スポーツ指導者　等
特定技能	**特定産業分野（介護，ビルクリーニング，素形材産業，産業機械製造業，電気・電子情報関係産業，建設，造船・舶用工業，自動車整備，航空，宿泊，農業，漁業，飲食料品製造業，外食業）の各業務従事者**
技能実習	技能実習生

*　ポイント制による高度人材とは，学歴，職歴などの項目に区分された「ポイント計算表」により，高度学術研究活動，高度専門・技術活動，高度経営・管理活動のいずれかに認定された者。在留期間等について優遇措置を受けられる。

＜身分・地位に基づく在留資格＞

在留資格	該　当　例
永住者	永住許可を受けた者
日本人の配偶者等	日本人の配偶者・実子・特別養子
永住者の配偶者等	永住者・特別永住者の配偶者，日本で出生し引き続き在留している実子
定住者	日系３世，外国人配偶者の連れ子　等

＜就労の可否は指定される活動によるもの＞

在留資格	該　当　例
特定活動	外交官等の家事使用人，ワーキングホリデー，経済連携協定（EPA）による外国人看護師・介護福祉士候補者　等

＜就労が認められない在留資格＞

在留資格	該　当　例	例　　外
文化活動	日本文化の研究者　等	「資格外活動」の許可を受けた場合は，一定の範囲内で就労が認められる
短期滞在	観光客，会議参加者　等	
留　学	大学，専門学校，日本語学校等の学生	
研　修	研修生	
家族滞在	就労資格等で在留する外国人の配偶者，子	

なお，外国人について，以前は「外国人登録」といっていましたが，平成24（2012）年の改正によって外国人登録制度は廃止されました。改正前は外国人は住民票に記載されず，「外国人登録証明書」で氏名等を確認することがありました。住民基本台帳法の改正に伴い，外国人も住民票に記載されることとなり，現在交付されるのは「在留カード」です。このカードに，氏名，生年月日，性別，国籍・地域，在留資格，在留期間といった情報が記載されています。

【外国人留学生を雇用するには】

在留資格のうち，文化活動，短期滞在，留学，研修，家族滞在の５種類は，原則として就労が認められていません。外国人留学生がアルバイトをするには，地方入国管理局で「資格外活動」の許可を受ける必要があります。これを，雇い入れる企業の側からみると，**「資格外活動の許可を受けている人かどうかを，きちんと確認しなければならない」**ということです。

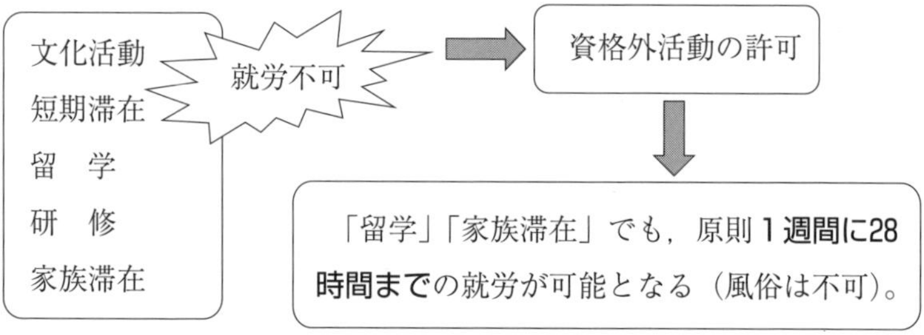

ここでいう28時間とは，いわゆる残業時間も含まれます。たとえば，所定労働時間が１日４時間で週６日勤務と契約した場合に，毎日１時間多く働くと，24時間＋６時間＝30時間になってしまいます。時間制限を超えると，企業側が「不法就労助長罪」となる可能性があります。

在留資格が「留学」の場合は，教育機関が夏休み等の長期休業期間中なら，**１日８時間まで（１週間では40時間まで）**就労することもできます。ただし，事業主・人事労務担当者の皆さんは，具体的な許可の範囲を，その人ごとに必ず確認してください。採用にあたっては，**在留資格変更の審査に要する期間**も考慮しましょう。

雇用保険は１週間に20時間以上働く一定の人が対象ですが，**昼間学生**である留学生なら原則として対象外です。家族滞在の人については，加入漏れのないように注意してください。労災保険は，いずれも保護の対象です。

第2章

新たな「特定技能」制度のポイント

1　制度の目的はどのようなものか

第1章のとおり，平成31（2019）年4月1日から，日本での就労が可能な新たな在留資格「特定技能」が創設されました。**第2章**では，出入国在留管理庁の資料に基づき，特定技能の具体的なポイントをみていきます。

この制度は，深刻な人手不足に対応することを目的としています。

＜制度の意義＞

「特定技能の在留資格に係る制度の運用に関する基本方針」によると……

⇩

中小・小規模事業者をはじめとした**深刻化する人手不足に対応する**ため，生産性向上や国内人材の確保のための取り組みを行ってもなお人材を確保することが困難な状況にある産業上の分野において，**一定の専門性・技能を有し即戦力となる外国人を受け入れていく**仕組みを構築する。

受け入れる外国人は，海外から新規に入国する場合もあれば，すでに日本国内に在留している場合もあります。いずれにしても，技能実習2号を良好に修了しているか，または技能および日本語の試験に合格する必要があります。

2　特定技能制度の対象となる分野

特定技能1号は，14の限られた分野においてのみ認められます。この14分野を**特定産業分野**といいます。特定技能2号は，今のところ，特定産業分野の中の2分野においてのみ予定されています。

<特定産業分野>

① 介　護
② ビルクリーニング
③ 素形材産業
④ 産業機械製造業
⑤ 電気・電子情報関連産業
⑥ 自動車整備
⑦ 航　空
⑧ 宿　泊
⑨ 農　業
⑩ 漁　業
⑪ 飲食料品製造業
⑫ 外食業
⑬ 建　設
⑭ 造船・舶用工業

特定技能２号は，この２分野のみ

特定技能２号は，熟練した技能が求められます。他の制度との比較をすると，その位置づけがわかりやすくなります。

<就労が認められる在留資格の技能水準>

	従来の在留資格	新設された在留資格
専門的・技術的分野	高度専門職１号・２号 教　授 技術・人文知識・国際業務 介　護 技　能　　等	特定技能2号
		特定技能１号
非専門的・非技術的分野	技能実習	

3　特定技能１号の特徴

それでは，特定技能１号のポイントをみてみましょう。在留期間が通算で５年が限度とされていることや，家族を連れてくることができないといった特徴があります。

＜特定技能１号のポイント＞

在留期間	１年，６か月または４か月ごとの更新で，**通算５年が限度**	
技能水準	試験等で確認する	試験等は，技能実習２号を修了していれば免除される
日本語能力水準	生活や業務に必要な日本語能力を試験等で確認する	
家族の帯同	基本的に認めない	

それから，特定技能１号は特定技能２号と異なり，「受け入れ機関または登録支援機関による支援」があります。特定技能２号については，支援義務はありません。受け入れ機関というとわかりにくいかもしれませんが，要するに外国人を受け入れる企業のことです。

受け入れ機関は，**支援計画**を作成し，その内容を実施しなければなりませんが，計画の全部または一部の実施を**登録支援機関**に委託することができます。

＜支 援 計 画＞

受け入れ機関は，１号特定技能外国人に対して「特定技能１号」の活動を安定的かつ円滑に行うことができるようにするための**職業生活上，日常生活上または社会生活上の支援**の実施に関する計画（支援計画）を作成し，当該計画に基づき支援を行わなければならない。

【支援計画の概要】

①　事前ガイダンス　②　出入国する際の送迎　③　住居確保・生活に必要な契約支援　④　生活オリエンテーション　⑤　公的手続等への同行　⑥　日本語学習の機会の提供　⑦　相談・苦情への対応
⑧　日本人との交流促進　⑨　転職支援（人員整理等の場合）
⑩　支援責任者等の定期的（３か月に１回以上）な面談・行政機関への通報

なお，転職する際にハローワークを利用する場合には，ハローワークは希望条件，技能水準，日本語能力等を把握し，適切に職業相談・紹介を実施することとされています。転職の範囲は，「同一の業務区分内または試験によりその技能水準の共通性が確認されている業務区分間」となります（コロナ特例については，**第8章**を参照のこと）。

4　特定技能２号の特徴

次に，特定技能２号のポイントをみてみましょう。

＜特定技能２号のポイント＞

在留期間	３年，１年または６か月ごとの更新
技能水準	試験等で確認する
日本語能力水準	試験等での確認は不要
家族の帯同	要件を満たせば，配偶者，子について可能

特定技能２号の在留期間には，上限がありません。このため，長期間にわたり日本での就労が可能となり，将来の永住の道が開けます。

永住権を取得するには，継続して10年以上在留しているなどの要件があります。**技能実習生や特定技能１号としての滞在期間は，この要件には算入されません。**

＜在留期間のまとめ＞

在留資格	在留期間	永住権の取得要件に
技能実習	最長５年	算入しない
特定技能１号	最長５年	算入しない
特定技能２号	制限なし	算入する

【永住権取得の要件】
継続して10年以上在留し，そのうち５年以上は就労資格または居住資格があること　等

5　制度の対象となる外国人の基準

特定技能の資格で就労する外国人については，次のような基準があります。

(1)　特定技能１号，特定技能２号に共通の基準

① 18歳以上であること

② **健康状態が良好であること**

③ 退去強制の円滑な執行に協力する外国政府が発行した旅券を所持していること（該当しない外国政府としては，イラン・イスラム共和国が告示されています）

④ **保証金の徴収等をされていないこと**

⑤ 外国の機関に費用を支払っている場合は，額・内訳を十分に理解して機関との間で合意していること

⑥ 送り出し国で遵守すべき手続が定められている場合は，その手続を経ていること

⑦ **食費，居住費等外国人が定期に負担する費用**について，その対価として供与される利益の内容を十分に理解した上で合意しており，かつ，その費用の額が実費相当額その他の適正な額であり，明細書その他の書面が提示されること

⑧ 分野に特有の基準に適合すること

②については，日本で行おうとする活動を支障なく行うことができる健康状態にあることについて，医師の診断を受けなければなりません。なお，技能実習生や留学生などで在留中の人が特定技能へ在留資格を変更しようとする一定の場合には，日本の医療機関の診断書で差し支えありません。

④は，悪質な仲介事業者（ブローカー）等が関与することを規制するものです。

⑦は，たとえば食費，水道・光熱費等を指します。**「特定技能外国人受入れ**

に関する運用要領」（http://www.moj.go.jp/isa/content/930004944.pdf）に，具体的な基準が示されています。

(2) 特定技能1号のみの基準

① 必要な技能および日本語能力を有していることが，試験その他の評価方法により証明されていること（ただし，技能実習2号を良好に修了している者であり，かつ，技能実習において修得した技能が，従事しようとする業務において要する技能と関連性が認められる場合は，これに該当する必要がない）

② **特定技能1号での在留期間が通算して5年に達していないこと**

②の通算在留期間には，**失業中**や，**育児休暇および産前産後休暇等による休暇期間，労災による休暇期間**等も算入されます。

(3) 特定技能2号のみの基準

① 必要な技能を有していることが，試験その他の評価方法により証明されていること

② **技能実習生**の場合は，技能の本国への移転に努めるものと認められること

①は，分野によっては，技能試験による評価方法に加えて，実務経験等の要件を付加的に求めているものもあります。

②は，技能実習の活動に従事していた人が「特定技能2号」の許可を受けようとする場合に，「技能実習において修得等した技能等を本国へ移転することに努めると見込まれること」をいいます。**実際に，本国への移転を行い成果をあげることまでを求めるものではありません。**

6　受け入れ企業の要件

ここでは，特定技能外国人を受け入れる企業について，どのような要件が求められるのかをみてみましょう。これは，雇用契約に関する基準と，その企業自体がみたすべき基準とに分類されています。

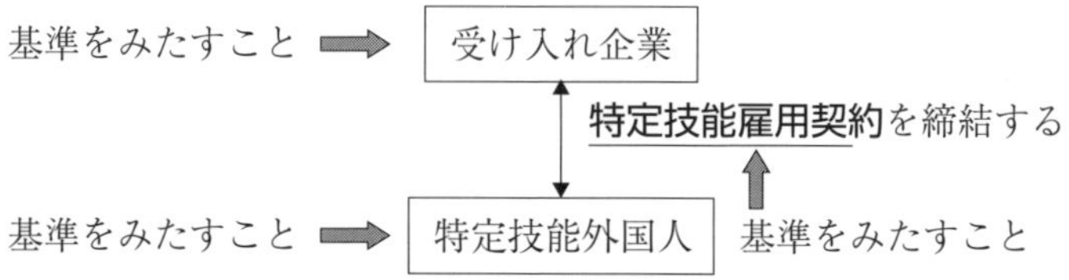

(1)　特定技能雇用契約がみたすべき基準

① 分野省令で定める技能を要する業務に従事させるものであること

② **所定労働時間が，同じ受け入れ機関に雇用される通常の労働者の所定労働時間と同等であること**

③ **報酬額が，日本人が従事する場合の額と同等以上であること**

④ 外国人であることを理由として，報酬の決定，教育訓練の実施，福利厚生施設の利用その他の待遇について，差別的な取扱いをしていないこと

⑤ **一時帰国を希望した場合，休暇を取得させるものとしていること**

⑥ 労働者派遣の対象とする場合は，派遣先や派遣期間が定められていること

⑦ **外国人が帰国旅費を負担できないときは，受け入れ機関が負担するとともに契約終了後の出国が円滑になされるよう必要な措置を講ずることとしていること**

⑧ 受け入れ機関が外国人の健康の状況その他の生活の状況を把握するために必要な措置を講ずることとしていること

⑨ 分野に特有の基準に適合すること

②・③・⑤・⑦は，労務管理上，特に疑問が生じやすいところですので，このあと個別に説明します。

④の福利厚生施設とは，社員住宅，診療施設，保養所，体育館などをいいます。

⑧は，労働安全衛生法に定める**雇入れ時の健康診断**や雇用期間中の**定期健康診断**を適切に実施すること，健康状況に問題がないかを定期的に特定技能外国人から**聞き取りを行う**などの措置を講じることをいいます。

なお，雇用条件書は，**申請人が十分に理解できる言語により作成**し，申請人が**内容を十分に理解したうえで署名**していなければなりません。

(2) 受け入れ機関自体がみたすべき基準

① **労働，社会保険および租税に関する法令を遵守していること**
② **１年以内に特定技能外国人と同種の業務に従事する労働者を非自発的に離職させていないこと**
③ １年以内に受け入れ機関の責めに帰すべき事由により，外国人の行方不明者を発生させていないこと
④ 欠格事由（５年以内に出入国・労働法令違反がないこと等）に該当しないこと
⑤ 特定技能外国人の活動内容に係る文書を作成し，雇用契約終了日から１年以上備えて置くこと
⑥ 外国人等が保証金の徴収等をされていることを受け入れ機関が認識して雇用契約を締結していないこと
⑦ 受け入れ機関が違約金を定める契約等を締結していないこと
⑧ 支援に要する費用を，直接または間接に外国人に負担させないこと
⑨ 労働者派遣の場合は，派遣元が当該分野に係る業務を行っている者などで，適当と認められる者であるほか，派遣先が①～④の基準に適合すること

⑩　労災保険関係の成立の届出等の措置を講じていること

⑪　雇用契約を継続して履行する体制が適切に整備されていること

⑫　**報酬を預貯金口座への振込等により支払うこと**

⑬　分野に特有の基準に適合すること

①は，健康保険・厚生年金保険の適用事業所であれば，それらの保険料の領収証書の写し（**在留諸申請の日の属する月の前々月までの24か月分を全て**）等で確認します。

②の**「非自発的」な離職**とは，次のものをいいます。

・　**人員整理を行うための希望退職の募集または退職勧奨**を行った場合（天候不順や自然災害の発生，コロナの影響で経営上の努力を尽くしても雇用維持が困難な場合は除く）

・　労働条件に係る重大な問題（**賃金低下，賃金遅配，過度な時間外労働，採用条件との相違**等）があったと**労働者が判断したもの**

・　就業環境に係る重大な問題（**故意の排斥，嫌がらせ等**）があった場合

・　特定技能外国人の責めに帰すべき理由によらない有期労働契約の終了

一般的には，②は，「過去１年以内に解雇があったら，だめ」と認識されているかもしれませんが，**「自己の責めに帰すべき重大な理由による解雇」**は除かれます。また，**定年退職**も除外されます。

なお，厳密にいうと，**特定技能雇用契約の締結日以後**も，非自発的離職者を出していないことが求められます。③の行方不明者についても同じです。

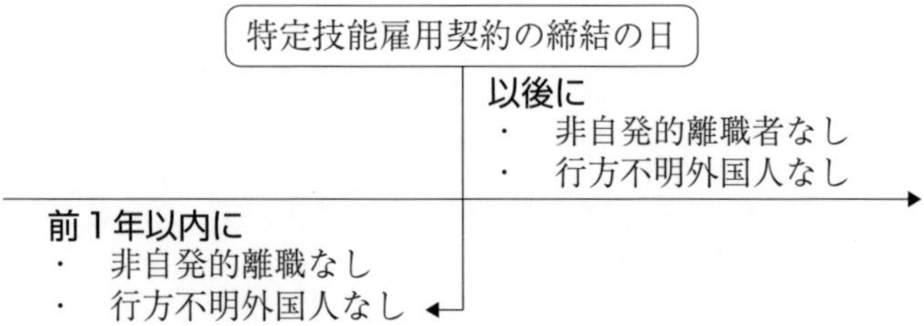

③でいう「外国人」には，**技能実習生も含まれます**。

行方不明者を発生させたのに，基準に適合しないことを免れるために別会社を作った場合は，「実質的に同一の機関であると判断して，**その別会社も行方不明者を発生させた機関として取り扱う**ことがあり得る」としています。

7　協　議　会

受け入れ機関は，分野別に設置された**協議会**の構成員になる必要があります。協議会は，構成員の連携の緊密化を図り，各地域の事業者が必要な特定技能外国人を受け入れられるよう，**制度や情報の周知，法令遵守の啓発**のほか，**地域ごとの人手不足の状況を把握**し，必要な対応等を行います。

<協議会のイメージ>

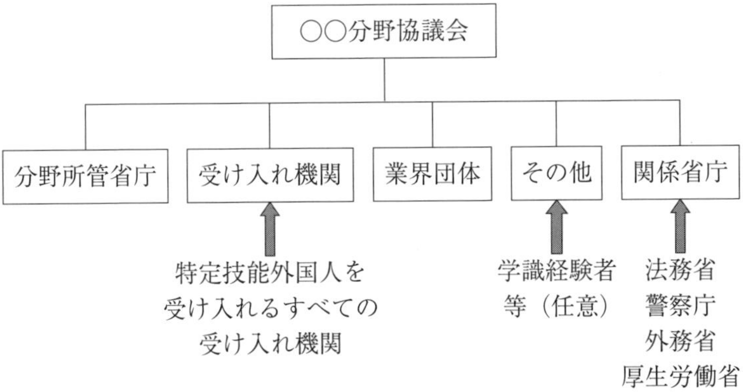

（注）　建設分野では，受け入れ機関は建設業者団体が共同で設置する法人に所属し，その法人が協議会構成員となる。

8　雇用形態の制限

ここからは，雇用形態，報酬，一時帰国等について，具体的な注意点を説明します。

特定技能外国人は，原則として**直接雇用**し，勤務形態は**フルタイム**であることとされています（ただし，漁業と農業については，季節的な労働であることから，労働者派遣も認められます）。

フルタイムといっても，これは企業によりさまざまですから，**週30時間以上**であることなどの一定の基準が示されています。また，**変形労働時間制**の場合には，**特定技能外国人が十分に理解できる言語を併記した年間のカレンダーの写し，労働基準監督署へ届け出た変形労働時間制に関する協定書の写し**も確認することとされています。

<特定技能外国人の勤務形態>

所定労働時間が，同じ受け入れ機関に雇用される**通常の労働者**と同等であること

→ **【所定労働時間とは】**
雇用契約や就業規則で定められた労働時間（休憩時間は含まない）

→ **【通常の労働者とは】**
フルタイムの労働者
⇒ ここでいうフルタイムとは，原則，**週5日以上かつ年間217日以上**，**かつ**，**週30時間以上**の労働を指す

9　報酬の額と支払方法

(1)　報 酬 の 額

特定技能外国人に対する報酬の額は，外国人であるという理由で不当に低くなることがあってはなりません。具体的には，同程度の技能等を有する日本人労働者等と比較し，職務内容や，その職務に対する責任の程度等の観点から説明することになります。ただし，外国人労働者と比較した際に，**日本人労働者**

に不当に安い賃金を支払う結果とならないように留意することとされています。

同程度の技能等を有する日本人労働者が	
いる場合	当該外国人が任される職務内容やその職務に対する責任の程度が当該日本人労働者と同等であることを説明したうえで，当該日本人労働者に対する報酬の額と同等以上であることを説明する。
いない場合	特定技能外国人に対する報酬の額が日本人労働者に対する報酬の額と同等以上であることについて，①賃金規程がある場合には同規程に照らした個々の企業の報酬体系の観点から，②賃金規程がない場合には，たとえば当該外国人が任される職務内容やその職務に対する責任の程度が最も近い職務を担う日本人労働者と比べてどのように異なるかという観点から，説明を行う。

⑵　報酬の支払方法

報酬の支払方法は，「当該外国人の**同意**を得たうえで，特定技能雇用契約において，**当該外国人の指定する預貯金口座等へ振り込む**こととするよう努める」こととされています。これは，報酬の支払を，より確実かつ適正なものとするためです。

労働基準法では，賃金の支払を原則として通貨によるものとしていますが，例外として，労働者の同意を得て口座振込みとすることができます。

<賃金の支払の５原則>

通貨払　直接払　全額払　毎月１回払　一定期日払

労働者の同意があれば預貯金口座への振込みも可能
⇒ 外国人労働者に対しても，本人の同意があれば口座振込みで支払うことができる

特定技能外国人については，報酬の口座振込みを要件とした

預貯金口座への振込み以外の支払方法を採った場合には，事後に出入国在留管理庁長官に対しその支払の事実を裏付ける客観的な資料を提出し，出入国在留管理庁長官の確認を受けることが求められます。

なお，外国人雇用の拡大に伴い，一定の電子マネーによる支払も，労働基準法施行規則を改正して例外的に認める方向で議論されています。

10　一時帰国の希望があったときの休暇付与

特定技能外国人から一時帰国の申出があった場合は，事業の適正な運営を妨げる場合等の業務上やむを得ない事情がある場合を除き，何らかの有給の休暇を取得することができるよう配慮することとされています。

＜一時帰国の場合の有給休暇＞

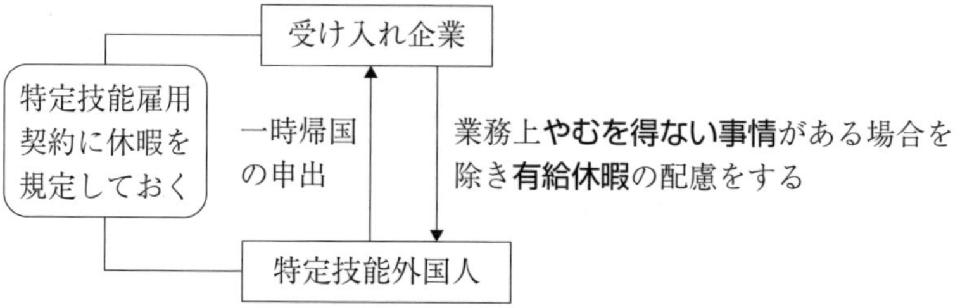

【有給休暇とは】

労働基準法の年次有給休暇を含む。年次有給休暇を使い終わっている場合にも，**追加的に有給または無給の休暇を取得できるよう**配慮する。

【業務上やむを得ない事情とは】

特定技能外国人が担当する業務が**他の労働者が代替することが不可能な業務**であって，休暇取得希望日に当該外国人が業務に従事しなければならないことについて合理的な理由がある場合をいう。

業務上やむを得ない事情により，一時帰国休暇の取得を認めない場合は，代替日を提案するなどの配慮をすることとされています。

「休暇」は，就業規則の絶対的必要記載事項ですから，就業規則の整備が早急に必要となる企業もあるでしょう。

11　契約終了後の帰国旅費

特定技能外国人が特定技能雇用契約の終了後に帰国する際の帰国費用は，**本人負担が原則**です。しかし，本人が帰国費用を負担できない場合は，受け入れ機関が帰国費用を負担するとともに，**出国が円滑になされるよう必要な措置を講ずる**こととされています。

＜契約終了時の帰国旅費のポイント＞

① 「旅費を負担することができないとき」とは，特定技能外国人が自ら帰国費用を負担することができない場合をいい，**帰国することとなった原因（行方不明となった場合を除く）を問わない。**

② 「必要な措置」とは，帰国旅費を負担することのほか，**帰国のための航空券の予約および購入**を行うなどを含む措置を講ずることをいう。

③ 特定技能所属機関は，経営上の都合等により帰国費用を負担することが困難となった場合に備えて，**第三者（登録支援機関や関連企業等）と協定を結ぶなどしておくことが望まれる。**

12　受け入れ人数の上限

特定技能制度が発足するまでの間には，反対意見もありました。外国人の受け入れを拡大すると日本人の雇用が減ってしまうのではないか，という懸念もあります。このあたりは，どうなっているのでしょうか。

特定技能制度は，**第１章**のとおり，あらかじめ，向こう５年間の受け入れ見込み数が示されています（分野別に示され，合計で約34万人）。この人数は，大きな経済情勢の変化が生じない限り，**特定技能制度に基づく外国人受け入れの上限として運用されます。**

また，分野ごとに行政機関が，人手不足の状況を継続的に把握していきます。人手不足が解消された分野は，制度の対象から削除される場合もあります。

＜人手不足状況の変化等への対応＞

特定産業分野における人手不足の状況について継続的に把握する

↓

分野所管行政機関 ― **制度関係機関**

人手不足状況に変化が生じたと認められる場合には，今後の受け入れ方針等について協議する

関係閣僚会議

↑

必要に応じて，分野別運用方針の見直し，在留資格認定証明書の交付の停止または特定産業分野を定める省令から当該分野の削除の措置を検討する

なお，特定技能外国人の受け入れ機関は，**特定技能外国人の受け入れ状況**（受け入れ総数，氏名，活動日数・場所，業務内容等）や**活動状況**（報酬の支払状況，離職者数，行方不明者数，受け入れに要した費用の額等）等について，**定期的に届出をしなくてはなりません。**

国際人材協力機構では，『特定技能　入国・在留諸申請及び諸届　記載例集』など，外国人雇用に役立つ書籍を販売しています。必要に応じて活用してください。

○ 国際人材協力機構「教材・テキスト販売」

https://www.jitco.or.jp/ja/service/material/

＜特定技能制度に関するQ&A＞

● 年齢要件は，なぜ18歳以上とされているのですか。

日本の労働法制上，18歳未満の労働者に関し，特別の保護規定を定めていることから，特定技能外国人についても18歳以上であることを求めるものです。

＜18歳未満の者に関する労働時間の規制＞

時間外労働	労使協定（３６協定）があっても禁止
休日労働	
深夜業	原則禁止だが，農林水産業などでは認められている

● 18歳以上という年齢要件は，外国人が日本に上陸するまでにみたしていなければなりませんか。

外国人が18歳未満であっても，在留資格認定証明書交付申請を行うことは可能ですが，日本に上陸する時点においては，18歳以上でなければなりません。

● 特定技能１号外国人には，学歴の要件はありますか。

学歴については，特に基準は設けられていません。

● 過去に特定技能１号として在留していた場合でも，再び特定技能１号として在留することとなった場合には，在留期間の上限である「通算５年」は，新たにカウントされるのですか。また，５年のカウントは分野ごとですか。

「通算」とは，特定産業分野を問わず，在留資格「特定技能１号」で本邦に在留した期間をいい，過去に在留資格「特定技能１号」で在留していた期間も含まれます。

このため，残余の特定技能雇用契約期間や在留期限にかかわらず，特定技能１号での通算在留期間が５年に達した時点で，以後の在留は認められないこととなります。

● **複数の企業が，同時に１人の特定技能外国人を雇用することは可能ですか。**

特定技能外国人は，フルタイムで業務に従事することが求められます。このため，複数の企業が同一の特定技能外国人を雇用することはできません。

● **特定技能外国人の報酬の額は，同等の業務に従事する日本人労働者の報酬の額と同等であることとされていますが，ここでいう「報酬」の範囲を教えてください。**

「報酬」とは，「一定の役務の給付の対価として与えられる反対給付」をいい，一般的に，通勤手当，扶養手当，住宅手当等の実費弁償の性格を有するもの（課税対象となるものは除く）は含まれません。

● **報酬の額を決めるにあたり，経験年数の要素はどのように考えればよいですか。**

特定技能外国人は，技能実習２号（２年目・３年目）修了者であればおおむね３年間，技能実習３号（４年目・５年目）修了者であればおおむね５年間，日本に在留し技能実習を修了した者であることから，従事しようとする業務について，おおむね３年程度または５年程度の経験者として取り扱う必要があります。

この場合，技能実習２号修了時の報酬額を上回ることはもとより，実際に３年程度または５年程度の経験を積んだ日本人の技能者に支払っている報酬額とも比較し，適切に設定する必要があります。

● **「特定技能雇用契約がみたすべき基準」の中の「その他の生活の状況の把握のための措置」とは，どのようなことですか。**

緊急連絡網を整備したり，定期的な面談において，日常生活に困っていないか，トラブルに巻き込まれていないかなどを確認することをいいます。これは，１号特定技能外国人支援計画に基づく支援とともに実施しても差し支えありません。

● 「受け入れ機関自体がみたすべき基準」の中の「労働，社会保険および租税に関する法令を遵守していること」について，健康保険・厚生年金保険の適用事業所でない場合は，どのようなもので判断されますか。

事業主本人の国民健康保険被保険者証の写しや，事業主本人の国民健康保険料（税）納付証明書，事業主本人の国民年金保険料領収証書の写し（在留諸申請のあった日の属する月の前々月までの24か月分を全て）等を提出します。

● 特定技能外国人の一時帰国については，有給休暇を与えるよう配慮するようにとのことですが，家族が来日したときにも配慮が必要ですか。

特定技能外国人の家族が「短期滞在」で来日した場合には，家族と過ごす時間を確保することができるようにするため，家族の滞在中は有給休暇を取得することができるよう，配慮しなければなりません。

● 特定技能雇用契約が終了した時の帰国旅費は，原則として本人負担とのことですが，本人の報酬から毎月少しずつ控除して積み立てておくことは認められますか。

帰国旅費を確保しておくために，特定技能外国人の報酬から控除するなどして積み立てて特定所属機関が管理することは，金銭その他の財産の管理にあたり得るものであることから，認められません。

● 特定技能に関する各種の申請について，提出書類や提出期限は，何を見ればわかりますか。

出入国在留管理庁の「特定技能外国人受入れに関する運用要領」（http://www.moj.go.jp/isa/content/930004944.pdf）の「別紙」に，一覧表があります。これは，出入国在留管理庁の「特定技能運用要領・各種様式等」（http://www.moj.go.jp/isa/policies/ssw/nyuukokukanri07_00201.html）で見ることができます。同じ画面から，分野別の運用要領も見ることができます。

【不法就労の問題】

令和２（2020）年４月から，留学生として入国する場合の審査が厳格になりました。以前は，中国，ベトナムなどの７か国に限り審査を厳しくしていましたが，これを80か国に拡大しました。留学生として入国しながらも本当は就労を目的としている，いわゆる“出稼ぎ”を防ぐための措置です。このような人が卒業後も「留学」の資格のまま日本に残って働いていると，“不法残留”となります。

不法残留のリスクが低いとされる国・地域は「ホワイトリスト」に指定され，それ以外の国・地域からの留学生は，預金残高の証明書など複数の書類の提出が求められます。

労働基準法や労災保険法は不法就労の外国人も保護しますが，そもそも，不法就労者を雇えば，企業は罪に問われます。

＜不法就労に関する罰則＞

次のいずれかに該当する者は，３年以下の懲役もしくは300万円以下の罰金に処し，またはこれを併科する。

① **事業活動に関し，外国人に不法就労活動をさせた者**

② 外国人に不法就労活動をさせるためにこれを自己の支配下に置いた者

③ 業として，外国人に不法就労活動をさせる行為または②の行為に関しあっせんした者

どの業界も人手不足の今，頭の痛い問題ですが，外国人を雇うときは必ず**在留カードの記載内容**を確認してください。在留カードの表面に「就労不可」とあれば，原則として雇うことはできません。ただし，裏面の下の方に「**資格外活動許可欄**」があり，許可の内容によっては就労が可能です。在留カードの見方のポイントについて，詳しくはp. 100をご覧ください。

第3章
技能実習生

1　制度の目的と実施方法

技能実習制度は，国際貢献のため，開発途上地域等の外国人を日本で一定期間受け入れ，OJT（職場内訓練）を通じて技能等を移転する制度です。入国直後に講習を受け，その後は企業との雇用関係の下で実習していくことになります。受け入れ期間は，最長で５年間です。

この制度は，開発途上地域等の「人づくり」に寄与し，経済発展に役立ててもらおうという狙いがあります。あくまで国際協力の推進として行われるものであって，**日本の労働力不足を補うのが目的ではありません。**

受け入れの形には，「団体監理型」と，海外の現地法人等からの受け入れである「企業単独型」の，２種類があります。技能実習生のうち97%以上（令和元（2019）年末）が，団体監理型です。団体監理型での技能実習がうまくいくかどうかは，送り出し機関，監理団体（商工会等），受け入れ企業が，適切な体制をとっているかどうかにかかっています。

次の図の②・③に注目してください。監理団体は，平成29年11月１日施行の法改正で，**許可制**になりました。「許可」は，禁止を解く場合に使う強い言葉です。労働法での例をあげれば，労働者派遣や，中学生以下の児童の使用などが許可制となっています。

監理団体の許可申請を受けた外国人技能実習機構は，監理団体の許可に関する調査をします。この調査を経て，主務大臣が許可するという流れです。一連の手続きが済むと，監理団体の傘下の企業で実習が始まります。**優良な受け入れ企業・監理団体は，第３号技能実習生の受け入れ（４～５年目）が可能**となります。

技能実習生に対する人権侵害行為には，**禁止規定と罰則**があり，**通報・申告窓口**が設けられています。技能実習生の**転籍**に関する支援もあります。

<団体監理型の技能実習制度>

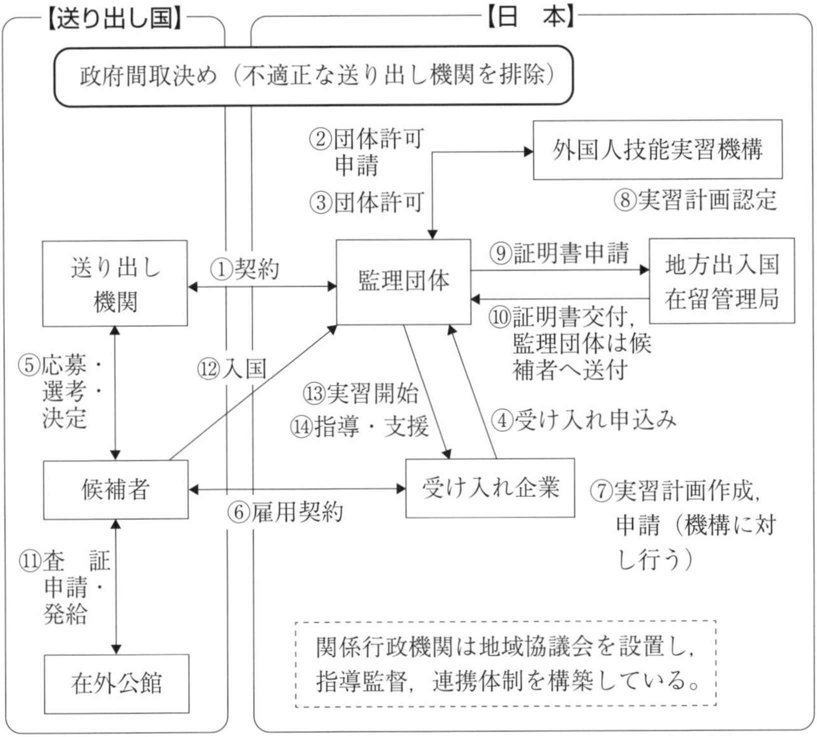

⑨・⑩の「証明書」とは，「在留資格認定証明書」をいいます。

技能実習１号として日本に入国すると，一定の場合を除き，まず，**座学による講習**（原則２か月）があります。この期間は，雇用関係はありませんから，「労働者」ではありません。

2　技能実習計画

技能実習に関する用語はわかりにくいので，もう少し詳しくみてみましょう。

実習実施機関（受け入れ企業）は，「技能実習計画」を作成します。この計画には，技能実習の内容，実施場所，期間，到達目標などを記載します。

技能実習は，一部のものについては**技能検定の合格**が目標とされています。

このため，技能実習計画を作成するときは，あらかじめ**技能検定の内容を過去問で確認**してください。

＜技能実習と技能検定の関係＞

技能実習1号（1年目）		技能検定**基礎級**（実技と学科）を受検 1号修了の6か月前までに受検申請
技能実習2号	2年目	技能検定**随時3級**を受検（実技） 2号修了の12か月前までに受検申請
	3年目	
技能実習3号	4年目	技能検定**随時2級**を受検（実技） 3号修了の12か月前までに受検申請
	5年目	

技能検定に不合格だった場合には，再受検は1回に限り認められます。

○ 厚生労働省「技能実習生の技能検定に関する注意点」

https://www.mhlw.go.jp/content/ 000766090.pdf

3　技能実習2号・3号への移行

技能実習2号に移行する際には，**在留資格変更許可申請**が必要です。

職種でみると，技能実習1号から技能実習2号への移行者が最も多いのは，**食品製造関係**です。次いで，**機械・金属関係，建設関係**などとなっています。

技能検定1号から2号へ，さらに3号へと移行するには，次の要件があります。

技能検定1号から2号へ ※　在留資格変更（2年目から3年目に移る時には在留期間の更新）	・　送り出し国のニーズがあり，公的な技能評価制度が整備されている職種であること ・　対象者は，所定の技能検定等（基礎級等）の学科試験および実技試験に合格した者
技能検定2号から3号へ ※　在留資格変更（4年目から5年目に移る時には在留期間の更新）	・　技能実習2号移行対象職種と同一（技能実習3号が整備されていない職種を除く）であること ・　対象者は，技能検定等（3級等）の実技試験に合格した者 ・　監理団体および実習実施者が**優良**であること ・　3号実習開始前または開始後1年以内に**1か月以上帰国**すること

4　技能実習生の国籍

技能実習生の国籍をみると，令和元（2019）年末は**ベトナム**が約53.2％と，最も多くなっています。次いで，中国，フィリピン，インドネシア，タイなどとなっています。受け入れ企業の半数以上が，従業員数19人以下の企業です。

5　特定技能制度との関係

技能実習制度での受け入れ期間は最長５年と書きましたが，その間，継続して日本に滞在できるわけではありません。

前述のように，技能実習１号（１年目）から技能実習２号（２年目・３年目）に進み，それも終わると合計で３年です。ここで，いったん，**１か月以上にわたり帰国**しなければなりません。

ただし，技能実習２号終了の後，新たな在留資格「**特定技能１号**」に切り替えれば，引き続き日本で働くことができます（一時帰国は切替要件となっていない)。

6　技能実習に関する二国間取決め

ここからは，技能実習制度に係る政府間の取決めの内容や，各機関の要件をみていきましょう。いずれも適切に運用されないと，技能実習生の保護に欠けることになってしまいます。

まず，送り出し国の政府と日本政府との間で，二国間取決めを作成します。作成のねらいは，日本と送り出し国が，技能実習を適切かつ円滑に行うために連携を図ることにあります。令和元年６月末時点で，14か国との間で作成しています。

＜二国間取決めの内容（抜粋）＞

日　本　側	送り出し国側
・　技能実習法の基準に基づき，監理団体の許可・技能実習計画の認定を適切に行う。 ・　**認定（取消し）された送り出し機関**を日本で公表する。 ・　**監理団体・受け入れ企業に対し許認可の取消しや改善命令を行った場合**は，送り出し国に通知する。	・　帰国した者に就職先のあっせん等の支援を行う。 ・　**送り出し機関の認定を取り消したとき**は，日本に通知する。 ・　日本から不適切な送り出し機関について通知を受けたときは，調査をして適切に対処する。また，その結果を日本に通知する。
【共通事項】　技能実習制度についての定期的な意見交換を行う。	

＜二国間取決めを作成している国と作成時期＞

【平成29（2017）年】　ベトナム（6月），カンボジア（7月），インド（10月），フィリピン（11月），ラオス（12月），モンゴル（12月）

【平成30（2018）年】　バングラデシュ（1月），スリランカ（2月），ミャンマー（4月），ブータン（10月）

【平成31・令和元（2019）年】　ウズベキスタン（1月），パキスタン（2月），タイ（3月），インドネシア（6月）

7　外国の送り出し機関の要件

技能実習制度における大きな問題の一つが，借金による拘束です。自分の国を出てくるときに，ブローカーに多額の保証金を求められ，そのために借金をし，返済のめどがたたない状況に追い込まれる例が多いのです。逃亡を防ぐために，パスポートなどを取り上げられることもあったといいます。

このようなことをなくし，技能実習生を保護するために，何度も制度が見直されてきました。

現在，送り出し機関は，その国の政府が12項目について確認し，認定したものでなければなりません。送り出し機関は技能実習生に対し，保証金を求めたり，本人や家族の財産を管理したりしてはなりません。技能実習に係る契約不履行について違約金を定める契約も禁止されています。**過去５年以内に一定の法令違反がないことや，過去５年以内に偽造・変造された文書を使用していないこと**なども認定要件に含まれます。

<送り出し機関の位置づけ>

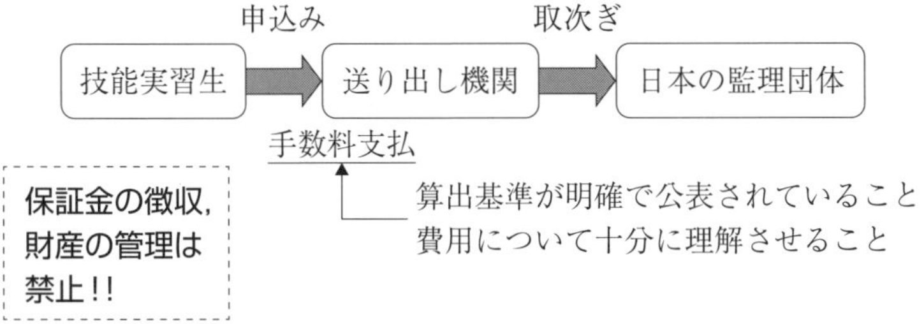

8　監理団体の許可基準

監理団体は，営利を目的としない法人であることとされています。商工会議所・商工会，中小企業団体，職業訓練法人，農業協同組合，漁業協同組合，公益社団法人，公益財団法人等があげられます。

監理団体は，**監理事業を健全に遂行するに足りる財産的基礎**を有していなければなりません。**個人情報の適正な管理のため必要な措置**を講じていること，**外部役員または外部監査の措置**を実施していることも必要です。

監理団体の業務の実施についても基準があります。たとえば，監理団体は，**技能実習生が宿泊する施設等の生活環境**を確認しなければなりません。ところが，つい最近，宮城県の災害危険区域に技能実習生の寮があることが明らかになりました。平成31（2019）年２月22日に，朝日新聞が大きく報じています。その建物は東日本大震災で14.1mの津波が来た地域にあるのですが，災害危険区域であることは技能実習生に知らされていませんでした。現地に見に行った監理団体も，行政も，気づいていなかったということです。技能実習生をめぐる問題は，跡を絶ちません。

なお，第３号技能実習については，**優良要件への適合**も認可基準となります。

＜監理団体の業務の実施の基準（代表例）＞

① 受け入れ企業に対する定期検査（**3か月に1回以上**）

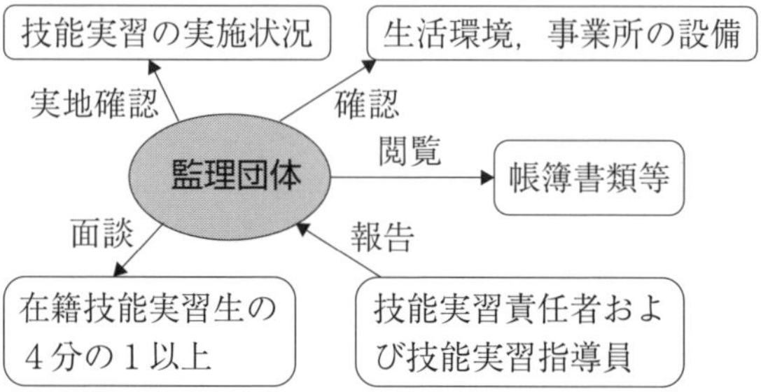

② 第1号の技能実習生に対する入国後講習の実施

③ 技能実習計画の作成指導

指導にあたり，**技能実習を実施する事業所および技能実習生の宿泊施設を確認**すること

④ **技能実習生からの相談対応**

これらの基準に従って事業を適正に行うに足りる能力を有すること

＜優良な監理団体の要件＞

技能実習の実施状況の監査その他の業務を遂行する能力につき，高い水準を満たすものとして主務省令で定める基準に適合していること。

⇒ ①**業務を行う**体制，②**技能等の修得等の実績**（技能検定の合格率等），③**法令違反・問題の発生状況**，④**相談・支援体制**（他の機関で実習継続が困難となった技能実習生の受け入れ実績等），⑤**地域社会との共生**（日本語学習への支援，地域社会との交流を行う機会・日本文化を学ぶ機会の提供への支援）について，項目ごとに加点または減点する。いずれも満点の**6割以上**なら優良とされる。

9　受け入れ企業に求められる体制

技能実習生を受け入れる企業についても，基準が設けられています。技能実習計画の内容が**認定基準**に達していなければなりませんし，計画どおりに行わないと認定取消しとなります。

技能実習生に行わせる業務は，**その事業所で通常行う業務**であることとされています。関連業務を行わせる場合は，時間全体の**2分の1以下**，周辺業務は時間全体の**3分の1以下**でなければなりません。

実際には，技能実習計画にあるのと違う業務に従事させられたり，説明なく原子力発電所の除染作業をさせられたり，といった例があります。

> **〔福島県郡山市の建設会社の例〕**
>
> ベトナム人労働者３人が，技能実習制度の趣旨・目的に沿わない原発の除染作業に従事させられたことについて，会社に損害賠償を求めた。令和２（2020）年10月に和解し，会社は約170万円を支払うことになった。

金銭面で束縛することも，もちろん禁止です。技能実習生やその家族との間で，**保証金の徴収や違約金の定めをしてはなりません**。食費，居住費等の，実習生が定期的に負担する費用については，**適正な額で合意がなされている**ことが必要です。

報酬の額は**日本人と同等以上**とされていますが，事前の説明と実際に受け取る報酬の額が違いすぎる例が多くみられます。

昭和22（1947）年に制定・施行された労働基準法は，戦前の封建的悪習をなくすために，強制労働の禁止（第５条）などを規定していますが，現実はまだまだ法の理想に追いついていないようです。技能実習生は「労働者」ですから，労働基準法は寄宿舎に関する規定も含めて適用されますし，最低賃金法や労働安全衛生法，労働者災害補償保険法の適用もあります。

適切な体制を整えるためには，責任者の配置も不可欠です。受け入れ企業は，事業所ごとに，**技能実習責任者**，**技能実習指導員**，**生活指導員**を選任しなければなりません。

第３号技能実習の場合には，**優良要件への適合**も認定基準に含まれます。

＜優良な受け入れ企業の要件＞

> ①　技能修得の実績　②　技能実習の体制（過去３年以内の**技能実習指導員，生活指導員の講習受講歴**）　③　技能実習生の待遇（**第１号技能実習生の賃金と最低賃金の比較**，技能実習の各段階の**昇給率**）　④　法令違反・問題の発生状況（**失踪の割合**等）　⑤　相談・支援体制（母国語での相談，**他で実習継続困難となった者の受け入れ実績**）　⑥　地域社会との共生（日本語学習の支援等）

→ いずれも満点の６割以上なら優良とされる

＜労働基準法のポイント＞

【強制労働の禁止（第５条）】

使用者は，暴行，脅迫，監禁その他**精神または身体の自由を不当に拘束する手段**によって，労働者の意思に反して労働を強制してはならない。

【賠償予定の禁止（第16条）】

使用者は，労働契約の不履行について**違約金を定め**，または**損害賠償額を予定**する契約をしてはならない。

【前借金相殺の禁止（第17条）】

使用者は，前借金その他**労働することを条件とする前貸の債権**と賃金を相殺してはならない。

【寄宿舎の設備および安全衛生（第96条１項）】

使用者は，事業の附属寄宿舎について，換気，採光，照明，保温，防湿，清潔，避難，定員の収容，就寝に必要な措置その他労働者の**健康，風紀および生命の保持に必要な措置**を講じなければならない。

（いずれも罰則あり）

10　不正行為，失踪

技能実習制度は，国際協力の一環として活用され，定着してきました。「特定技能」制度の創設にあたり，技能実習制度の成功例がクローズアップされ，プラス面が広く知られるきっかけとなりました。

一方で，技能実習制度に関するニュースの定番といえば，賃金不払い等の「**不正行為**」や，技能実習生の**失踪**問題です。法務省が平成30（2018）年に公表した資料「技能実習制度の現状（不正行為・失踪）」の中の「平成29年の「不正行為」について」によれば，失踪者の数は年々ほぼ一貫して増加し，平成24（2012）年は2,005人だったのが，**平成29（2017）年は7,089人**となっています。

不正行為を類型別にみると，最も多いのが**賃金の不払い**です。**最低賃金に満たない，残業代の基礎単価が低すぎる**，などがこれに該当します。さらに，賃金不払いを隠蔽するために，源泉徴収票に虚偽の金額を記載した企業がありました。このような，**偽変造文書等の行使・提供**も，件数が多くなっています。

そのほか，残業が1か月に165時間もあったり，「惣菜製造業」の技能実習なのに掃除や皿洗いに従事させたり，タイムカードの打刻漏れ1回につき1,000円の**罰金を徴収**したり，といった事例が同資料で紹介されています。**日本語を理解しないこと等を理由に，叩く，殴る，蹴ることが恒常化**していた例もあります。

賃金が低く，環境が悪く，そのうえに自国のブローカーに多額の借金があれば，技能実習生としては，どうしてよいかわかりません。「技能実習生」という言葉にとらわれず，1人の人間のこととして，いっそご自分に置き換えて，考えてみてください。自分が海外で，頼る人もなく，そんな状態で労働させられたら，逃げ出したくなるのではないでしょうか。

厚生労働省は，受け入れ企業の**実地検査等を担当する人員を7割増やし，悪質なブローカーを利用した国内業者は許可を取り消す**ことにしました。また，労働基準関係法令違反については，通報を受けて**労働基準監督署**が**監督指導**を行います。

＜技能実習生の失踪者数の推移＞

年	平24 (2012)	平25 (2013)	平26 (2014)	平27 (2015)	平28 (2016)	平29 (2017)
総　数	2,005人	3,566人	4,847人	5,803人	5,058人	7,089人
ベトナム	496人	828人	1,022人	1,705人	2,025人	3,751人
中　国	1,177人	2,313人	3,065人	3,116人	1,987人	1,594人
カンボジア	−	−	−	58人	284人	656人
ミャンマー	7人	7人	107人	336人	216人	446人
インドネシア	124人	114人	276人	252人	200人	242人
その他	201人	304人	377人	336人	346人	400人

（カンボジアは平成27年からの集計であり，その前は「その他」に含まれる）

＜失踪した技能実習生からの聴取内容＞

- 光熱費などを除いた時給が250円だった。
- 暴力を受けた。
- 事前の説明では給与額が20万円だった のに，実際には８万円だった。
- 失踪理由は，**「より高い賃金を求めて」が67.2%**となった。

（日本経済新聞　平成30（2018）年11月23日より）

＜技能実習生の実習実施者に対する監督指導，送検等の状況（平成29（2017）年)＞

70.8%の事業場に法令違反あり → 最低賃金違反，割増賃金の不払，違法な時間外労働，安全衛生委員会を開催していない，労災かくし　等

重大・悪質な法令違反による送検34件 → A社……残業単価350〜450円，時間外労働190時間。B社……造船工場でのケガを自宅でのケガということにするよう強要され，生活が困窮した。

（厚生労働省）

11　実習先の変更

実習先が倒産してしまうと，技能実習生は実習を続けることができません。また，実習先や監理団体が不正行為の認定を受けた場合も，実習の継続が困難となります。このような場合，技能実習生を受け入れている企業（実習先）や，監理団体は，**技能実習実施困難時届**等を提出しなければなりません。同時に，監理団体等が**他の監理団体等との連絡調整をする**など，**実習先の円滑な変更を支援する**ことが義務づけられています。

実習先変更の基本的な流れは，まず実習先の企業が，加盟している監理団体に，変更に係る支援を依頼することから始まります。外国人技能実習機構では，**技能実習生の受け入れ先となり得る監理団体の情報受付・提供を行うサイト**を開設しています。これは監理団体向けのサイトで，情報を利用するためには，あらかじめ**利用者登録**をしておく必要があります。この登録をすることは，監理団体が優良であると判断されるためのプラス要素となっています。

外国人技能実習機構では，**実習困難となった実習生を受け入れる監理団体や受け入れ企業の募集**も行っています。協力を検討されている方は，**機構地方事務所・支所の認定課（援助担当）**に連絡をしてみるとよいでしょう。ちなみに，優良な受け入れ企業と判断されるためのプラス要素として，「直近過去３年以内に技能実習生が継続困難となった技能実習生を受け入れたこと」があります。

外国人技能実習機構では，監理団体が傘下の受け入れ企業に対し，定期的に技能実習生の募集状況を確認して積極的な受け入れを働きかけるよう呼びかけています。

では，**緊急に実習先変更の準備をしなければならない場合**は，どうすればよいのでしょうか。この場合の相談窓口も，**機構地方事務所・支所の認定課（援助担当）**です。事情に応じて，個別の支援を受けられる場合があります。

ほかに，**技能実習２号から３号へ進むとき**も，実習先の変更が認められます。技能実習生は，第３号技能実習に係る実習先を自ら選ぶことができます。

＜実習先の変更の支援＞

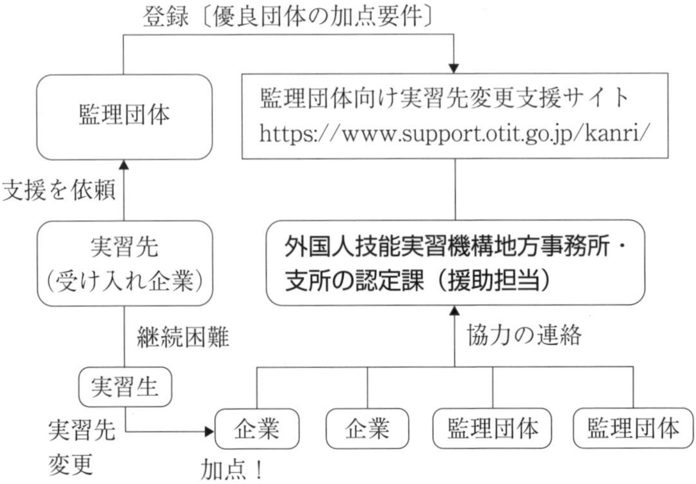

＜技能実習２号から技能実習３号に変わる場合の実習先変更＞

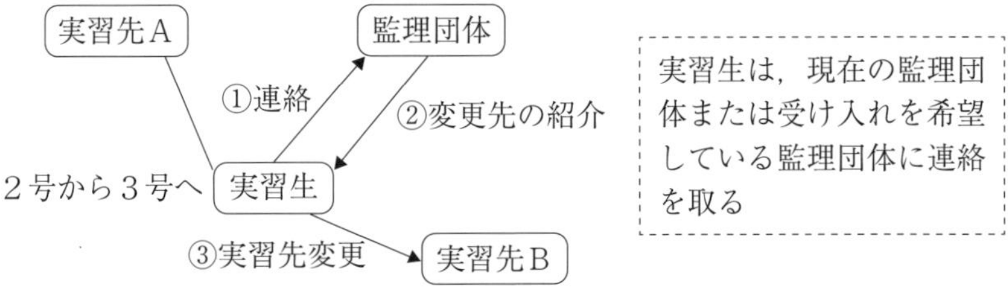

12　技能実習生への一時宿泊先の提供

技能実習生にとって，宿泊施設の問題も重要です。監理団体または受け入れ企業から不適正な行為を受け，これらの者が確保している宿泊施設に宿泊できない，または宿泊することが相当でない場合には，どうしたらよいのでしょうか。ここでも，**外国人技能実習機構**が活躍します。

技能実習生は，まず外国人技能実習機構に相談します。相談は，本部に限られません。**地方事務所や支所でもよい**のです。

機構は，事情を聴き，一時宿泊先の提供の必要性を判断します。機構は，あらかじめ**都道府県別に旅館・ホテルの団体と協定**を結んでいて，必要に応じて技能実習生に宿泊先を提供します。

技能実習生は，提供された宿泊先に一定期間滞在することができます。**費用は機構が負担し，食事も提供されます**。そのうえで，機構から**新たな実習先の確保等の支援**が受けられます。

ただ，日本経済新聞Webサイトの平成30（2018）年８月５日の記事では，このような宿泊先の提供が技能実習生にほとんど知られていないのでは，という指摘があります。平成30（2018）年７月19日の時点で，機構から一時宿泊先の提供を受けた件数は，わずか10件だということです。その記事では，技能実習生の苛酷な実態を知り，福島県に自ら保護施設を立ち上げた男性が紹介されています。

＜一時宿泊先の提供＞

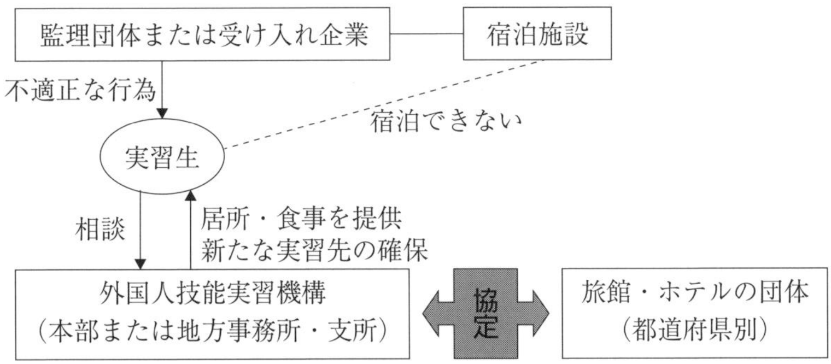

13　労働時間の限度

技能実習生には労働基準法の適用がありますから，労働時間の限度は１日８時間，週40時間となります。また，平成31（2019）年４月からは，時間外労働の限度が労働基準法に明記され，原則として１か月45時間まで，１年360時間までとなりました。繁忙期には一定の範囲で限度時間を超えることも可能ですが，これは１年につき６か月以内です。

＜労働時間の限度＞

1日	8時間
1週	40時間（原則）

これを超える労働は**労使協定（３６協定）**の**締結・届出**と**割増賃金**が必要

・　労働者数が**常時10人未満**の，**商業**，**映画・演劇業（映画の製作の事業を除く）**，**保健衛生業**，**接客娯楽業**の事業場は，１週44時間の特例がある。
・　休日は原則として**週１回**，休憩は労働時間が**６時間超え８時間以内**なら少なくとも**45分**，**８時間超え**なら少なくとも**１時間**。
・　上記の休日（**法定休日**）に労働させるには３６協定と割増賃金が必要。
・　例外的に，災害等で臨時の必要がある場合に，所定の手続によって時間外労働等が認められることもある。

＜時間外労働の限度＞＊

原　　則	月45時間，年360時間
繁　忙　期	**通常予見できない業務量の大幅な増加**等で臨時的に限度時間を超える労働が可能となるが（３６協定に明記する），それでも①時間外労働は**年720時間以内**，②時間外・休日労働の合計が**月100時間未満**で，③１年につき**６か月以内**の期間に限る。

＊　建設業，自動車の運転の業務などについては，令和５年度まではこの限度基準が適用されません。

労働時間に関する規制は，外国人労働者に限らず管理が難しいものです。違反がないかどうか，こまめに見直してみてください。

なお，**農業**，**畜産**，**水産業**の事業場は，**労働時間，休憩および休日に関する規定の適用が除外**されています。この場合でも，**深夜割増賃金**や**年次有給休暇**の規定は適用されますので，ご注意ください。

14　賃金の支払

賃金は，①**通貨**で，②**直接**労働者に，③**全額**を支払わなければなりません。その時期は，④**毎月１回以上**，⑤**一定の期日**を定めることとされています。これを賃金支払の５原則といっています。

ここでは，特に③について説明しましょう。賃金全額払の原則の例外として，法律に定めのある社会保険料や税金の控除が認められています。ほかに，労使協定を締結することによって，社宅費などを控除することができます。ただし，労使協定があれば何でも控除できるわけではありません。技能実習生については，たとえば**具体的な使途を明らかにできない「管理費」など**は，控除することができません。

＜賃金支払の５原則と例外など＞

① 通貨払	・ 法令または労働協約に別段の定めがある → 実物給与OK ・ 労働者の同意あり → 口座振込みOK ・ 労働者の同意あり → 退職金を一定の小切手等で支払える
② 直接払	代理人に支払ってはならない
③ 全額払	・ 社会保険料の被保険者負担，所得税等は控除OK ・ 労使協定がある → 賃金の一部控除OK
④ 毎月１回以上	１か月を超える期間について算定されるものは例外
⑤ 一定期日	・「毎月月末」→ 特定できるのでOK ・ 毎月第４金曜日 → 特定したとはいえない

⇩

③の労使協定があっても，技能実習生については次の点に注意すること。

イ　具体的な使途を明らかにできないものは控除できない。

ロ　寮費や食費は，**実費を超えて控除してはならない。**

ハ　**実習終了時の帰国旅費や受け入れ団体が監理に要する費用**を技能実習生に負担させてはならない。

15　労災，過労の問題

外国人労働者の労働災害は，**増加傾向**にあります。厚生労働省が「労働者死傷病報告」に基づいて調べたところによると，技能実習生の休業４日以上の死傷者数は，**年間で約500件にものぼります**。死亡事故の原因は，たとえば機械にはさまれたり，巻き込まれたり，といったものです。鋼材をクレーンでつり上げていたら鋼材が激突してきて死亡した，という事故も起こっています。厚生労働省では，**チェックリスト**（本章の最後に載せてあります）を作成し，**職**

場の安全点検を実施するよう呼びかけています。

過労死が疑われる技能実習生も多く，平成22（2010）年から29（2017）年までの８年間で，41人もの技能実習生が，**脳・心臓疾患**が原因で死亡しています。

＜外国人実習生の死因（平成22～29年，合計174人の内訳）＞

脳・心臓疾患，突然死	**41人（24%）**	病　死	20人（11%）
災害・事故	36人（21%）	自　殺	**14人（8%）**
実習中の事故	27人（16%）	犯罪被害	６人（３%）
溺　死	24人（14%）	死因不明等	６人（３%）

〔法務省「死亡事案一覧」，産経新聞〕

技能実習生の死因のうち，約４分の１に過労死が疑われる！

外国人労働者全体でみた休業４日以上の死傷者数も，増加傾向にあります。平成27（2015）年以降は，毎年2,000件を超えています。

＜外国人労働者の労働災害発生状況の推移＞

年	平成24	平成25	平成26	平成27	平成28	平成29	平成30
人	1,239	1,292	1,732	2,005	2,211	2,494	2,847

○ 群馬労働局「外国人労働者・技能実習生の労働災害を防止しましょう」
https://jsite.mhlw.go.jp/gunma-roudoukyoku/hourei_seido_tetsuzuki/anzen_eisei/anzen_ginoujissyuusei.html

＜技能実習生に関するQ&A＞

● **技能実習生は入国後に講習を受けることになっていますが，この講習の時間は，労働時間に含まれますか。**

講習には，次の３種類があり，③の場合は労働時間となります。

① 団体監理型の場合は，監理団体が入国当初に講習を行う。

② 単独の企業が受け入れる「企業単独型」では，講習は企業が行うこととされ，雇用契約に基づかずに講習を実施する場合がある（入国当初に行う）。

③ 企業単独型で，雇用契約に基づいて実施する講習もある（入国後１年以内，つまり技能実習１号の期間中に行う）。

なお，①，②の講習終了後に別の講習を義務づける場合には，その講習時間は労働時間となり，賃金が発生します。

● **上記の講習の期間中に業務を行わせることはできますか。**

①，②の講習は，雇用契約に基づかない講習です。このため，①，②の講習期間中に業務を行わせることはできません。

● **技能実習生に対して，講習期間中に，商品生産施設での機械操作教育や安全衛生教育を実施することはできますか。**

これらの教育は，雇用契約に基づいて実施されなければなりません。講習の期間中，商品生産施設での技能実習生の活動は，「見学」に限られることにご注意ください。違反すると，不正行為の認定対象となります。

〔講習のポイント〕

講習の方法は，座学（見学を含む）による。

↓

同時期に入国した技能実習生を，机と椅子が備えられている学習に適した研修施設に集めて実施しなければならない。

● 年次有給休暇は６か月間継続勤務後に発生するそうですが，技能実習生の場合は，「６か月」をどこから起算するのですか。

雇用契約日から起算します。具体的には，上記①・②の場合は講習の終了後，③の場合は入国時から起算します。

● 労働基準法には「中間搾取の排除」という規定がありますが，技能実習生については，どのようなことが問題となりますか。

労働基準法６条は，「何人も，法律に基づいて許される場合の外，業として他人の就業に介入して利益を得てはならない。」と規定しています。たとえば，「受け入れ団体の役員等が，技能実習生の賃金を，団体名義の銀行口座や団体が管理する技能実習生名義の銀行口座に振り込ませ，これを引き出すなどして不当に利益を得るようなこと」が中間搾取となります。

労働基準法の中では，第６条違反の罰則は２番目に重く，「１年以下の懲役または50万円以下の罰金」となっています。

● 労働基準法では任意貯蓄として労働者の通帳保管などを認める規定がありますが，技能実習生については，どうなっていますか。

「労働契約に附随して貯蓄の契約をさせ，または貯蓄金を管理する契約をすること」は，労働基準法18条１項で禁止しています。

一方，労働基準法18条２項では，労働者の委託を受けてお金を預かったり，通帳を保管したりする「任意貯蓄」を，一定の要件の下に認めています。しかし，「技能実習生の入国・在留管理に関する指針」では，たとえ技能実習生との合意があっても，技能実習生名義の口座の通帳などを使用者が保管することを禁止しています。

● 就業規則を作成・届出する要件となる労働者の人数には，技能実習生は含まれますか。

技能実習生を含め労働者を常時10人以上使用している場合は，就業規則を作成し，所轄労働基準監督署に届け出なければなりません。就業規則を変更した場合にも，同様に届出が必要です。

なお，厚生労働省では，「就業規則の内容は，技能実習生にも理解できるよう配慮をお願いします」と呼びかけています。

● 技能実習生を居住させる寄宿舎について，注意すべき労働基準法上のポイントを教えてください。

1 「寄宿舎」に該当するもの

技能実習生が，事業主等の用意した宿舎に居住し，共同生活（便所，炊事場，浴室などが共同で，一緒に食事をとる等）を行っている場合は，ここでいう「寄宿舎」に該当します。

マンションなどで各自の部屋（個室）が設けられ，各部屋に便所，炊事場，浴室などが備わっている場合（共同生活の実態がない場合）は，ここでいう寄宿舎に該当しません。

2 使用者がしてはならないこと

使用者（受け入れ企業側）は，寄宿舎に居住する労働者の私生活の自由を侵してはなりません。

具体的にいうと，①外出および外泊について使用者の承認を受けさせること，②教育，娯楽その他の行事に参加を強制すること，③共同の利益を害する場合以外に面会の自由を制限することは，禁止されています。

3 寄宿舎規則等

使用者は，次の事項について寄宿舎規則を作成し，労働基準監督署に届け出なければなりません。寄宿舎規則を変更したときも同様です。

①　起床，就寝，外出および外泊 ②　行　事 ③　食　事 ④　安全および衛生	①～④については，寄宿労働者の過半数を代表する者の同意を得ること
⑤　建設物および設備の管理	

寄宿舎規則の届出時には，上記の「同意」を証明する書面を添付します。

また，技能実習生を含め労働者を常時10人以上使用している場合は，「寄宿舎設置届」が必要です。

４　安全・衛生・風紀等を守るための措置

使用者は，次の措置を講じなければなりません。

・　警報装置（火災など非常事態を居住者に知らせるもの）を設置すること
・　消火設備を設置すること
・　寝室を２階以上に設ける場合は避難階段等を設けること
・　寝室に居住する者の氏名等を掲示すること　等

●　技能実習生に内職をさせることはできますか。

内職をさせることはできません。また，時間外労働を内職と称して行わせ，その報酬を法定の割増賃金よりも低くすることはできません。

●　技能実習生を有期労働契約で雇い入れている場合に，契約期間内に解雇することはできますか。

やむを得ない事由がない限り，解雇できないとされています。厚生労働省の「技能実習生の労働条件の確保・改善のために」という資料では，「技能実習の継続に最大限努力してください」としています。

やむを得ず解雇する場合でも，労働基準法20条の規定により，少なくとも30日前に予告をするか，解雇予告手当の支払が必要となります。

○ 厚生労働省「技能実習生の労働条件の確保・改善のために」

https://www.mhlw.go.jp/stf/seisakunitsuite/bunya/koyou_roudou/roudoukijun/gyosyu/ginoujisyu-kakuho/index.html

技能実習生の労働災害を防止しましょう

～ 6月は外国人労働者問題啓発月間です ～

近年、外国人労働者の労働災害は増加傾向にあり、**技能実習生の労働災害は、年間約500件にも上ります。**また、死亡し又は後遺障害の残る重篤な災害も発生しています。

技能実習生が労働災害に被災しないため、また、労働災害の加害者とならないためにも、**作業手順や安全のためのルールを理解してもらう**ことが必要です。

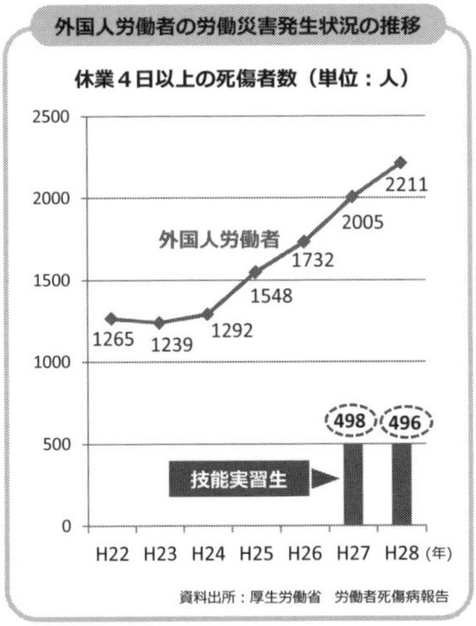

最近の主な死亡災害事例（概要と事故の種類）		
1	技能実習生Ａが、解体用機械のアタッチメントの上で溶接作業をしていたところ、解体用機械のブームが上昇し、梁との間に挟まれた。（H28年11月）	はさまれ、巻き込まれ
2	技能実習生Ｂが、鋼材をクレーンでつり上げたところ、鋼材がバランスを崩して倒れ、Ｂに当たった。（H29年４月）	激突され
3	技能実習生Ｃが、労働者Ｄと２人でプレス加工作業をしていたところ、Ｃが金型内に頭を入れていた時にＤがプレスを起動させ、Ｃが挟まれた。（H29年４月）	はさまれ、巻き込まれ

※ 労働災害等により労働者が死亡又は休業した場合には、遅滞なく、労働者死傷病報告等を労働基準監督署長に提出しなければなりません。
（報告しなかったり、虚偽の報告をした場合、刑事責任が問われることがあります。）

裏面のチェックリストを活用して職場の安全点検を実施してください

あなたの職場は大丈夫？危険がないかチェックしてみましょう

	チェック項目　（できている場合にチェックしてください）	☑
1	安全衛生の担当者を選任していますか。 （安全管理者、衛生管理者、安全衛生推進者など）	□
2	機械・設備にカバーや安全装置は付いていますか。	□
3	機械・設備が安全に使用できるように点検・修理等を実施していますか。	□
4	作業場は整理整頓されていますか。	□
5	安全に作業できるように、保護具を使用させていますか。 （安全靴、安全帯、手袋、ヘルメット、防毒マスク等）	□
6	安全衛生教育を実施していますか。 （雇入れ時又は作業内容を変更した時など）	□
7	作業手順を理解させていますか。 → どのように？ □日本語で □母国語で □やってみせる	□
8	労働災害防止のための指示等を理解できるように、必要な日本語や基本的な合図を習得させていますか。	□
9	労働災害防止のための標識、掲示等について、図解等の工夫でわかりやすくしていますか。	□
10	免許を受けたり、技能講習を修了することが必要な業務に、無資格のままで従事させていませんか。	□

安全点検の結果は監理団体に提出してください。

（点検実施日　　月　　日）

事業場名		事業場の労働者数	人
所在地		うち技能実習生	人
電話番号	（　　）	担当者氏名	
監理団体名			

厚生労働省・都道府県労働局・労働基準監督署　2017.5

第4章

外国人雇用と労働法

外国人労働者については，**「外国人労働者の雇用管理の改善等に関して事業主が適切に対処するための指針」**が定められています。ここでいう「外国人」からは，特別永住者，在留資格が「外交」である者，在留資格が「公用」である者は除かれます。また，ここでいう「外国人労働者」には，**技能実習生が含まれます**。

以下，この指針を参考にしながら，外国人雇用における労働法のポイントをみていきます。

I 労働基準法

1 労働者の募集

募集にあたっては，一定の事項を，原則として書面の交付により明示しなければなりません。

〔明示事項〕
① 従事すべき業務の内容　② 労働契約の期間　③ 就業の場所
④ 労働時間，休日　⑤ 賃金　⑥ 労働・社会保険の適用に関する事項　等

その外国人が希望する場合には，**FAX，電子メール等の方法**も認められますが，その外国人が送信された内容を**プリントアウトできる**場合に限られます。

明示の際には，母国語等，その外国人が使用する言語を用いるか，平易な日本語を用いるなど，**その外国人が理解できる方法により明示する**よう努めなければなりません。

国外に居住している外国人に対しては，トラブルを防ぐために，**事業主による渡航・帰国等の費用の負担の有無や負担割合等**についても，あらかじめ明確にするよう努めることとされています。

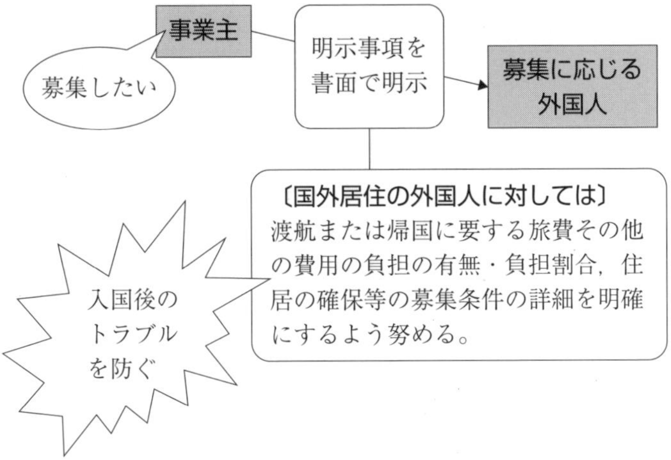

2　職業紹介事業者等の利用

事業主は，一定の**職業紹介事業者等**を利用して，外国人労働者のあっせんを受けることができます。ただし，外国人労働者と**違約金に関する契約を結ぶなどの違反行為がある者**からのあっせんを受けないようにしなければなりません。

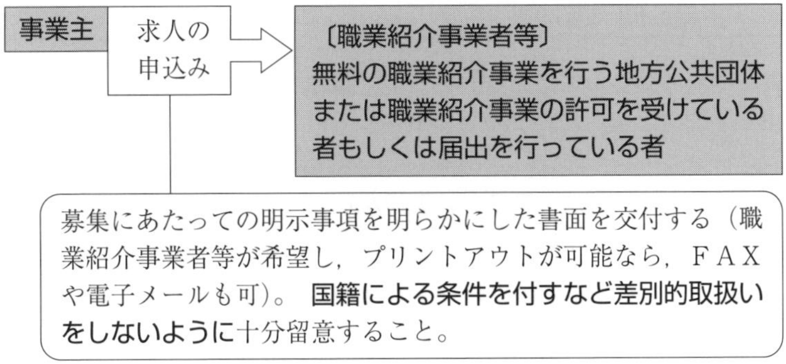

なお，労働者派遣法に違反する者から，あっせんを受けることも禁止されています。

3　労働条件の変更等の明示

募集するにあたって明示した事項を変更，特定等する場合には，明示した事項と変更内容等とを**対照できる書面を交付する**等，適切な方法で明示してください。この場合も，母国語等，その外国人が使用する言語を用いるか，平易な日本語を用いるなど，**その外国人が理解できる方法により明示する**よう努めることとされています。

4　採　　　用

事業主は，外国人労働者の採用にあたり，あらかじめ，その人が採用後に従事すべき業務について，在留資格上認められるかどうかを確認しなければなりません。

また，事業主は，在留資格の範囲内で外国人労働者がその有する能力を有効に発揮できるよう，**公平な採用選考に努める**こととされています。永住者，定住者等の**活動内容に制限がない外国人**については，特に留意する必要があります。

5　均 等 待 遇

事業主は，労働者の国籍を理由として，**賃金，労働時間その他の労働条件**について，差別的取扱いをしてはなりません。

〔関連する労働基準法（第３条）の規定〕

使用者は，労働者の**国籍**，信条または社会的身分を理由として，**賃金，労働時間その他の労働条件**について，差別的取扱をしてはならない。

⇒（通達）「その他の労働条件」には，解雇，災害補償，安全衛生，寄宿舎等，**職場における一切の待遇**が含まれる。

6　労働条件の明示

外国人労働者と労働契約を締結する際には，賃金，労働時間等主要な労働条件について，その内容を明らかにした書面を交付してください。外国人労働者が希望し，プリントアウトが可能ならば，FAXや電子メール等も認められます。

労働条件の明示にあたっては，**モデル労働条件通知書やモデル就業規則**を活用する，母国語等を用いるなどして，外国人労働者が理解できる方法によることに努めてください。

厚生労働省では，次の言語の労働条件通知書をホームページに掲載しています。

・英語	・中国語	・韓国語	・ポルトガル語	・スペイン語
・タガログ語	・インドネシア語	・ベトナム語	・クメール語	
・モンゴル語	・ミャンマー語	・ネパール語	・タイ語	

○ 厚生労働省「外国人労働者向けモデル労働条件通知書」

https://www.mhlw.go.jp/new-info/kobetu/roudou/gyousei/leaflet_kijun.html

賃金については，**手取りでいくらもらえるのか**が本人にわかるように，詳しく明示しましょう。

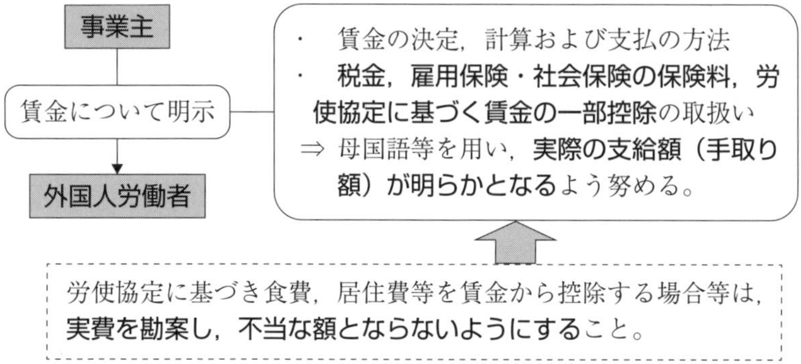

賃金には，**全額払の原則**がありますが，社会保険料など**法令によって認めら**

れているものは，控除して支払うことができます。また，過半数労働組合（ない場合には労働者の過半数を代表する者）との**書面による協定**があれば，賃金の一部を控除して支払うことができます（労働基準法24条１項）。この労使協定は，労働基準監督署へ届け出る必要はありません。

7　強制貯金の禁止

労働契約に附随して貯蓄の契約をさせ，または貯蓄金を管理する契約をすることは，禁止されています。「労働契約に附随して」とは，「貯金を会社に預けなければ雇わない」といったことを指します。

外国人労働者の希望によって，その委託を受けて貯蓄金を管理する場合でも，所定の手続を経なければなりません。

〔委託を受けて貯蓄金の管理をする場合〕

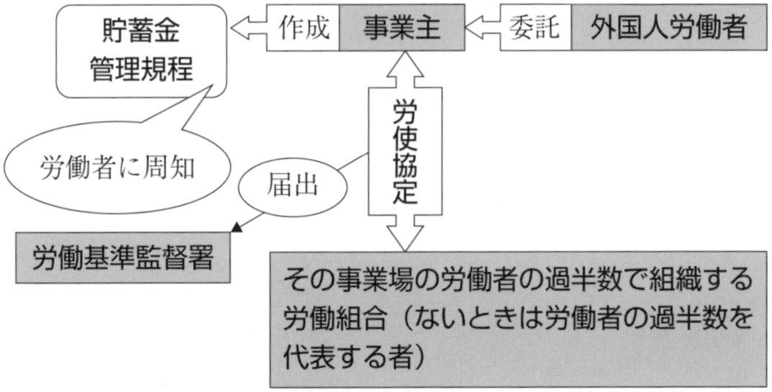

〔労使協定に定める事項〕

- 預金者の範囲
- 預金者１人当たりの預金額の限度
- 預金の利率および利子の計算方法
- 預金の受け入れおよび払い戻しの手続
- 預金の保全の方法

貯蓄金の管理には，**通帳保管と預金の受け入れ**の２通りがあります。預金の受け入れなら，**利子（少なくとも年0.5%）**をつけなければなりません。また，**労働者が返還を請求したとき**は，遅滞なく返還しなければなりません。

8　適正な労働時間の管理

事業主は，**法定労働時間および時間外・休日労働の上限規制の遵守，週休日の確保**をはじめ適正な労働時間管理を行うとともに，時間外・休日労働の削減に努めることとされています。労働時間の状況の把握にあたっては，**タイムカードによる記録**等の**客観的な方法**その他の適切な方法で行ってください。

１日の労働時間の上限	**８時間** ⇒ これを超える労働は割増賃金等が必要
１週間の労働時間の上限（拘束時間から休憩時間を除いた時間の上限）	**40時間**（常時10人未満の商業，映画・演劇業（映画の製作の事業を除く），保健衛生業，接客娯楽業は**44時間**。ただし満18歳未満の者はこれらの事業でも40時間） ⇒ これを超える労働は割増賃金等が必要
最低限必要な休日の数	少なくとも**週１回**（４週４日制は例外的な取扱い） ⇒ 休みが足りない場合は割増賃金等が必要
１日の休憩時間（労働時間の途中に与えること）	**６時間超え８時間以内**の労働なら少なくとも**45分** **８時間超え**の労働なら少なくとも**１時間**
時間外労働	原則，**１か月に45時間まで，１年に360時間まで**

9　年次有給休暇

外国人労働者も，要件をみたせば年次有給休暇が発生します。たとえば週５日働く人なら，**雇入れ日から６か月経過**し，その６か月間の**出勤率が８割以上**の場合に，**10労働日の権利**ができるのです。

年次有給休暇が10労働日以上付与されている人については，付与日数が決定した「基準日」から１年以内に，**５日は取得させる**こととされています。取得日については，外国人労働者についても本人の意見を聴き，その意見を尊重するように努めてください。

継続勤務年数	年次有給休暇	継続勤務年数	年次有給休暇
6か月	10労働日	4年6か月	16労働日
1年6か月	11労働日	5年6か月	18労働日
2年6か月	12労働日	6年6か月	20労働日
3年6か月	14労働日	7年6か月以上	20労働日

1日の労働時間が短くても，**週5日以上の勤務形態**なら上の表の日数になります。**週4日以下，かつ，週30時間未満の契約**なら，比例付与といって上の表より日数が少なくなります。

年次有給休暇は外国人労働者についても管理簿を作成し，与えた時季，日数および基準日を記録して，5年間（当分の間，3年間）保存してください。

10　労働基準法等の周知

労働基準法では，法令や就業規則，労使協定等の周知について定めています。外国人労働者がいる場合には，特に，わかりやすい説明書などを用いて，外国人労働者の理解を促進するための配慮をするよう努めてください。

〔法令等の周知義務〕

- 労働基準法および労働基準法に基づく命令の要旨
- 就業規則，労使協定，労使委員会の決議

いずれかの方法で労働者に周知

① 常時各作業場の見やすい場所へ掲示し，または備え付ける。
② 書面を労働者に交付する。
③ 磁気テープ，磁気ディスクその他これらに準ずるものに記録し，かつ，各作業場に労働者が当該記録の内容を常時確認できる機器を設置する。

外国人労働者については，**わかりやすい説明書**，行政機関が作成した**多言語対応の広報資料**，**母国語**等を用い，理解を促進するため必要な配慮をするよう努める。

上記③の方法は，**各作業場（たとえば建物別）にパソコンを設置すること**などが考えられます。その場合は，労働者に操作の権限が与えられること，操作方法を労働者に周知させることも必要となります。

外国人技能実習機構は，技能実習生に対し，地方出入国在留管理局を通じて，原則として入国時に，**「技能実習生手帳」**を配布しています。この手帳には，技能実習関連法令や申告，相談窓口その他技能実習生として日本で生活を送るうえで知っておくべき知識等が掲載されています。中国語版，ベトナム語版，インドネシア語版，タガログ語版，タイ語版，カンボジア語版，ミャンマー語版，モンゴル語版，英語版があり，機構ホームページ（https://www.otit.go.jp/notebook/）からダウンロードできるものもあります。

就業規則については，**厚生労働省の「モデル就業規則」**に，英語版，中国語版，ポルトガル語版，ベトナム語版，やさしい日本語版が用意されています。

○ 厚生労働省「モデル就業規則」
https://www.mhlw.go.jp/stf/seisakunitsuite/bunya/koyou_roudou/roudoukijun/zigyonushi/model/index.html

11　労働者名簿等の調製

労働基準法では，労働者名簿，賃金台帳，年次有給休暇管理簿の調製を義務づけています。記載事項は労働基準法施行規則で定めていますが，外国人労働者についてはこれに加えて，**家族の住所その他の緊急時の連絡先を把握しておく**よう努めてください。

〔労働者名簿の原則的な記載事項〕

①　氏 名　②　生年月日　③　履 歴　④　性 別　⑤　住 所
⑥　従事する業務の種類　⑦　雇入れの年月日　⑧　退職の年月日およびその事由（退職の事由が解雇の場合にあっては，その理由を含む）
⑨　死亡の年月日およびその原因

12　金品の返還等

事業主は，外国人労働者の**旅券，在留カード等を保管しないように**してください。また，外国人労働者が退職する際には，労働基準法に基づき，その外国人労働者の権利に属する金品を返還しましょう。返還の時期にも注意してください。

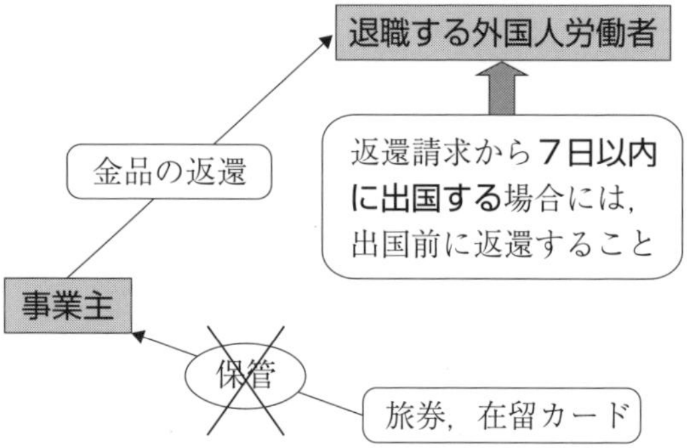

〔金品の返還（労働基準法第23条）〕

① 使用者は，労働者の死亡または退職の場合において，権利者の請求があった場合においては，**７日以内に賃金を支払い**，積立金，保証金，貯蓄金その他名称の如何を問わず，**労働者の権利に属する金品を返還しなければならない**。

② 賃金または金品に関して争がある場合においては，使用者は，異議のない部分を，①の期間中に支払い，または返還しなければならない。

「権利者」には，**一般債権者は含まれません**。たとえば外国人労働者Ａさんが誰かからお金を借りている場合に，その貸した人が「Ａの賃金を自分に支払ってくれ」といってきても，払ってはいけません。

「労働者の権利に属する金品」には，ふとん，衣類等も含まれます。

13　寄　宿　舎

事業の附属寄宿舎に外国人労働者を寄宿させる場合は，労働基準法等の定めるところにより，寄宿舎について労働者の**健康，風紀および生命の保持**に必要な措置を講じてください。

> 〔労働基準法第96条１項〕
> 使用者は，事業の附属寄宿舎について，換気，採光，照明，保温，防湿，清潔，避難，定員の収容，就寝に必要な措置その他労働者の健康，風紀および生命の保持に必要な措置を講じなければならない。

なお，**食事，部屋代および寝具の損料**を労働者に負担させる場合には，これらの労働条件に関する事項について就業規則中に規定する必要があります。

14　労働基準法の保護の範囲

ここまでみてきたように，**労働基準法は国籍に関係なく適用されます**。もしも，不法就労の状態で働いている人がいるとしても，労働基準法と労災保険法は適正な就労の場合と同様に適用されます。

ただし，不法就労は，企業にとって大きなマイナスです。外国人を採用するときには，本章の最後にある「在留カードはここを確認しましょう！」等も参考にして，雇用してよい人かどうかを念入りに確認してください。

Ⅱ　労働安全衛生法

1　安全衛生教育

安全衛生教育は，**雇入れ時はすべての労働者に対して行わなければならない**ことなどが，労働安全衛生法で定められています。外国人労働者に対しては，特に，母国語を用いるなど，その内容を理解できる方法で行ってください。

〔安全衛生教育〕

雇入れ時　**作業内容変更時**

すべての労働者（臨時雇を含む）

特別教育

1トン未満のフォークリフト・移動式クレーンの運転，5トン未満のクレーンの運転，アーク溶接等の業務に就かせる場合

外国人労働者に対しては，**母国語等を用いる**，**視聴覚教材を用いる**等，外国人労働者がその内容を理解できる方法により行うこと。特に，**機械等，原材料等の危険性または有害性およびこれらの取扱方法等**が確実に理解されるよう留意すること。

厚生労働省では，次の教材を案内しています。

「外国人建設就労者向け安全衛生視聴覚教材」

作業ごとの安全衛生対策のポイント（47作品）や代表的な労働災害事例（35作品）を，動画により視聴することができます。**中国語版，英語版，ベトナム語版，インドネシア語版**があります。

＜動画の内容＞

・　一般的な事項（服装，整理整頓，安全通路，防火設備，災害発生の場合など）
・　高所作業等での留意点（作業床，移動はしご，枠組み足場など）
・　倒壊，崩壊の防止
・　建設機械，クレーン等の作業での留意点（車両系建設機械作業，ダンプ・トラック，玉掛け作業など）
・　手工具での作業の留意点（丸のこ，電気ドリルなど）
・　感電災害の防止（仮設照明，架空電線近接作業，溶接作業）
・　火災，爆発による災害の防止（ガス溶接・溶断作業，発泡プラスチッ

ク系断熱材付近での作業など）
・　業務上疾病の予防（有機溶剤作業，酸素欠乏症等の作業，粉じん作業，振動障害危険作業，騒音障害危険作業，熱中症）

○ 厚生労働省「職場のあんぜんサイト」
https://anzeninfo.mhlw.go.jp/information/videokyozai2.html
厚生労働省では，安全衛生教育に役立つ次の資料も紹介しています。

①　未熟練労働者に対する安全衛生教育マニュアル
・　製造業向け（日本語マニュアル・教材・動画のほか，英語・中国語・ポルトガル語・スペイン語の教材もある）
・　陸上貨物運送事業向け（日本語）
・　商業向け（日本語，インドネシア・ベトナム語）
・　産業廃棄物処理業向け（日本語，英語，ベトナム語）
・　警備業向け（日本語）
照会先……労働基準局安全衛生部安全課　物流・サービス産業・マネジメント班（代表03－5253－1111，内線5488）

②　外国人労働者の労働災害防止（東京労働局へのリンク）
・　安全に働くための基本（建設業，英語版・ポルトガル語版・スペイン語版・中国語版）
・　安全に働くための基本（建設業以外，英語版・ポルトガル語版・スペイン語版・中国語版）
・　職場内の危険への対処の基本（建設業，英語版・ポルトガル語版・スペイン語版・中国語版）
・　職場内の危険への対処の基本（建設業以外，英語版・ポルトガル語版・スペイン語版・中国語版）
・　建設作業員の安全（ベトナム語版）

③　外国人労働者に対する安全衛生教育には，適切な配慮をお願いします

(リーフレット)

○ 厚生労働省「外国人労働者の安全衛生対策について」

https://www.mhlw.go.jp/stf/seisakunitsuite/bunya/ 0000186714.html

いずれも，イラストが豊富に使われるなど，ひと目でポイントがわかるようになっています。

ほかには，どのような教材があるのでしょうか。**国際人材協力機構**のホームページでは，**「ガイドブック・パンフレット」**のページで，技能実習生の労務管理のために次のものを提供しています。

① 実習実施機関（受け入れ企業）向け

・ アーク溶接作業における外国人技能実習生の労働災害防止対策

・ 研削盤（グラインダ・サンダー等）作業に係る労働災害防止対策

② 監理団体・実習実施機関向けおよび技能実習生向け

・ 耕種農業職種に従事する外国人技能実習生の安全と健康確保に向けて

・ 畜産農業職種に従事する外国人技能実習生の安全と健康確保に向けて

・ 金属製品製造業における外国人技能実習生の安全と健康確保に向けて

・ 技能実習生が建設作業を安全に行うための第一歩

・ 食品製造業に従事する技能実習生の安全・健康の確保

・ 溶接職種に従事する技能実習生の安全・健康の確保

③ 技能実習生向け

・ 溶接作業等の労働災害防止についてのお知らせ

○ 国際人材協力機構「ガイドブック・パンフレット」

https://www.jitco.or.jp/ja/service/guidebook/

国際人材協力機構のホームページには，外国人が受講できる**「教習機関リス**

ト」も掲載されています（トップページ→JITCOの支援サービス→実習生保護支援・在留支援→技能実習生の技能講習・特別教育受講）。**特別教育の最新情報**も同じページのリンクから見ることができますので，ぜひ活用してください。

外国人技能実習機構には，**農業職種，建設職種，食品製造職種**についての**「安全衛生対策マニュアル」**があります。建設職種と食品製造職種については，**英語，中国語，ベトナム語，インドネシア語，タガログ語，ミャンマー語，カンボジア語，モンゴル語**の**「参考資料」**もあり，天候に応じて健康に留意する必要があることなどもイラスト入りで説明されています。

○ 外国人技能実習機構「安全衛生対策マニュアル」

https://www.otit.go.jp/anzen/

また，**外国人在留支援センター**（https://www.toukiren.or.jp/fresc/）内の**「安全衛生班」**では，安全衛生管理に関する事業者からの相談を**無料**で受け付けています。

2 労働災害防止のための日本語教育

事業主は，外国人労働者が労働災害防止のための指示等を理解することができるようにするため，**必要な日本語および基本的な合図等を習得させる**よう努めることとされています。

また，事業場内における**労働災害防止に関する標識，掲示**等についても，図解を用いるなど，外国人労働者がその内容を理解できる方法により行うよう努めてください。

具体的には，次の点が通達で示されています。

(1) リスクアセスメントの実施

外国人労働者を従事させる業務に関して，**機械設備，原材料，作業環境，作業方法等に起因する危険性または有害性等の調査**（リスクアセスメント）を実施する際には，一般に外国人労働者にとって日本語で表示された作業標準等の理解が困難であることを踏まえてリスクの洗い出しや見積りを行うこと。

当該リスクアセスメントの結果に基づき，必要に応じて，リスクを低減するため機械設備等の見直し等の措置を講じたうえで，**外国人労働者に対して実施する安全衛生教育の内容を整理する**こと。

このようにして整理した安全衛生教育の内容に適した教材を，入手，整備等していきましょう。

⑵　安全衛生教育の実施およびフォローアップ

安全衛生教育は，**外国人労働者の日本語の理解度を把握**したうえで行ってください。たとえば，「基本的に日本語は読めるが，漢字は苦手」ということは珍しくありません。日本人が会話で何気なく使っている言葉でも，外国人には意味が通じないこともあります。

ある自治体が実施している日本語教室で，外国人の方々に日本語を教えているボランティアの先生は，**“日本人が会話で当たり前に使うような簡単で短い言葉**は，戸惑う生徒さんが多い”という経験を話してくれました。しかし，会社でも地域社会でも日本語は必要ですから，仕事などでクタクタに疲れていても，夜や休日の日本語講座に大勢の人が通っています。ただ，日本語教室について，実施してはいるものの，手探りの自治体が多いのも事実です。

このような，外国人労働者が日本語を学ぶ環境と，そこにある課題を知っておくことも，労務管理の一環として役立つでしょう。

安全衛生教育での具体策をあげると，**同じ言語を話せる日本語の上手な労働者をフォロー役につける**ことや，**理解度を確認しながら継続的な教育を行う**ことが大切です。

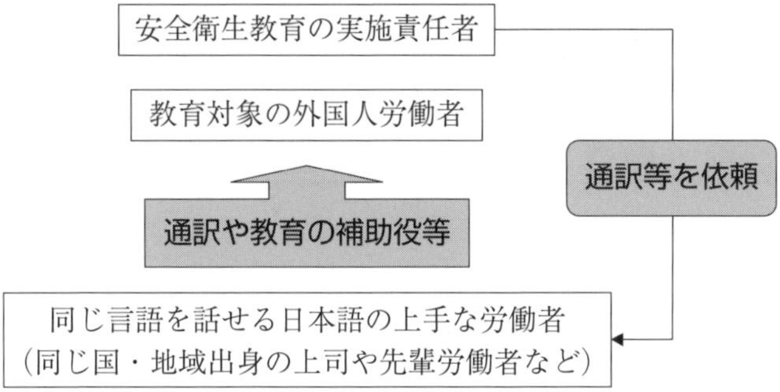

けがをしたり，職業病にかかったり，というのは誰でも避けたいものです。それが外国での労働によるものなら，不安はさらに大きくなることでしょう。安全衛生教育の担当者の方自身も，「これで十分なのだろうか」と，不安になるかもしれません。指導する中で，ご自分の経験にない問題点を感じ取ったときは，上司に相談するなど，柔軟に対応してください。

(3)　派遣労働が認められている業種での留意事項

派遣労働者である外国人労働者に対し，雇入れ時の安全衛生教育は，**派遣元事業者の責任**で行うこととされています。派遣先に安全衛生教育を委託する場合でも，派遣元は実施状況を確認してください。

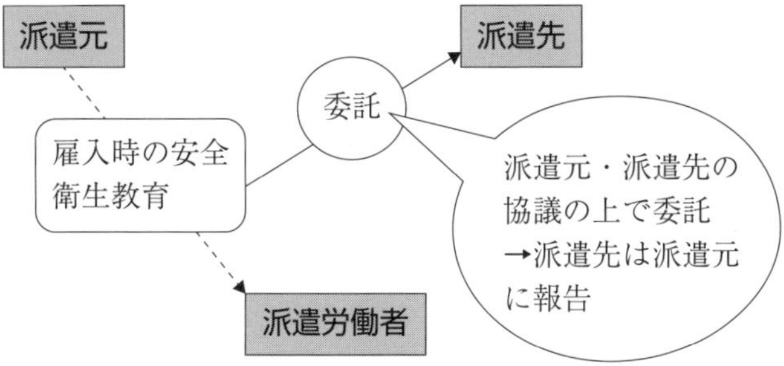

派遣労働者に対する安全衛生教育を必要十分な内容および時間をもって行うため，**派遣元事業場と派遣先事業場が十分に連絡・調整すること**が望ましい。

労働者が実際に働く場所は派遣先ですから，安全衛生教育では，派遣先における安全衛生事情にも留意してください。

3　危険・有害業務に係る安全衛生教育

雇入れ時等の安全衛生教育においては，危険または有害な業務に伴う労働災害発生のおそれとその防止対策等について，正確に理解させましょう。その際には，下記の事項についても，十分に理解させる必要があることとされています。

① **転倒災害の防止**のため，整理整頓等による安全な作業床の保持，危険箇所の表示，手すりや滑り止めの使用方法および積雪時に滑りにくい履き物や安全な歩行方法

② **高所作業に従事させる場合**は，作業手順およびその意味，墜落制止用器具の適切な使用方法および昇降設備の適切な使用方法

③ **機械設備，車両系建設機械等によるはさまれ・巻き込まれ，激突，切れこすれ等のおそれのある作業に従事させる場合**には，作業手順およびその意味，安全装置の適切な使用方法および立入禁止等に係る掲示

④ **化学物質を取り扱う作業に従事させる場合**には，当該化学物質の危険性または有害性およびその取扱い方法，呼吸用保護具や化学防護手袋等の保護具の適切な使用方法，局所排気装置等の換気装置の適切な使用方法

⑤ **石綿を含む建築物等の解体等の作業に従事させる場合**には，石綿の有害性および当該含有品の取扱い方法ならびに呼吸用保護具等の適切な使用方法

⑥ **東京電力福島第一原子力発電所構内や事故由来廃棄物等処分事業場で行われる放射線業務および除染特別地域等で行われる除染等業務に従事させる場合**には，電離放射線の生体に与える影響，被ばく線量の管理方法，設備や保護具の使用を含む機器の取扱い方法，健康管理の必要性等

⑦　**夏季期間における屋外作業等の暑熱環境における作業に従事させる場合**には，熱中症の症状，こまめな塩・水分補給等予防方法や応急措置等の緊急時の対処等

これらの説明をするとともに，**外国人労働者が困ったときや何かわからない点があるときの質問・相談相手を，はっきりさせておく**ことも重要です。

4　健康管理手帳制度の周知等

特定化学物質や石綿等を取り扱う業務に従事する外国人労働者に対しては，さらに注意すべきことがあります。

雇入れ時に，**当該業務に関して発生するおそれのある疾病の原因**等および健康診断の目的や内容について母国語等を用いる等，当該外国人労働者が理解できる方法により説明すること。

また，**がんなどの遅発性の健康障害**を生ずるおそれのある化学物質，石綿および粉じんの取扱作業については，**離職前に健康管理手帳制度の説明**をしてください。

健康管理手帳制度には，**離職後も政府が健康診断等の措置を行い**，その健康管理の万全を期するという目的があります。

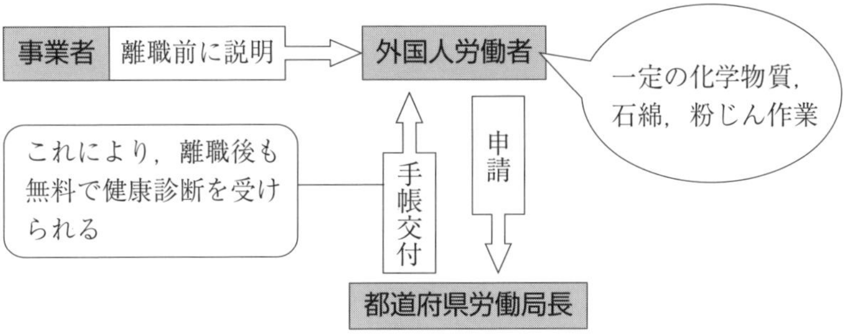

事業者は，要件に該当する外国人労働者に対して，離職後速やかに管轄の都

道府県労働局に申請するよう促しましょう。**申請に必要な書類については，事業者自らが準備し，離職前に渡しておく**など，円滑な手続が行われるよう支援に努めることとされています。

〔健康管理手帳の交付申請に必要な書類〕

・　健康管理手帳交付申請書

・　要件に該当する事実*を証明する書類（書類がない場合は，事実についての申立書）

*　要件に該当する者とは，ベンジジンおよびその塩等の製造・取扱業務に3か月以上従事した者，粉じん作業に係る業務に従事し，じん肺管理区分が管理2または管理3である者等をいいます。

また，特定化学物質等による疾病はその潜伏期間が長期に渡る場合があることを踏まえ，**帰国後であっても労災保険給付の請求を行うことができる**ことについて，外国人労働者に周知させてください。

○　厚生労働省「外国人労働者に対する安全衛生教育の推進等について（平31.3.28基発328028号）」

※　外国人労働者向け労災保険給付パンフレットのURL等があります（厚生労働省→所管の法令等→通知検索→第5編労働基準→安全衛生→労働安全衛生法→検索「外国人労働者」）。

5　健康診断の実施等

事業主は，労働安全衛生法等の定めるところにより外国人労働者に対して，**健康診断，面接指導およびストレスチェックを実施すること**とされています。実施にあたっては，これらの目的・内容を，母国語を用いる等の方法で，外国人労働者が理解できる説明をするよう努めてください。

また，**これらの結果に基づく事後措置を実施するときは，その結果ならびに事後措置の必要性および内容**を，外国人労働者が理解できる方法により説明するよう努めてください。

以下，それぞれの制度の概略を確認しておきましょう。

(1) 健康診断

健康診断には，たとえば次のものがあります。いずれも，事業場の規模は関係ありません。

雇入れ時の健康診断（有期雇用労働者も，1年（一定の有害業務従事者は6か月）以上の使用が予定されていれば対象となる）	業種を問わず，**常時使用する労働者**が対象。 ⇒ フルタイムでなくても，週の所定労働時間が同種の業務に従事するフルタイム労働者の**4分の3以上**なら対象となる。また，4分の3以上でなくても，**おおむね2分の1以上**なら実施対象とすることが望ましい。
定期健康診断	**1年以内ごとに1回，常時使用する労働者**を対象として行う（20歳以上の者の身長など，医師が必要でないと認める項目は省略できる）。
特定業務従事者の健康診断	強烈な騒音を発する場所での業務，**深夜業を含む業務**等に常時従事する労働者が対象。当該業務への配置替えの際および**6月以内ごとに1回**，定期に行う（胸部X線検査・喀痰検査は年1回でよい）。
特別の項目の健康診断	一定の放射線業務，特定化学物質製造・取扱業務等の有害業務に従事する労働者に対し，雇入れの際，当該業務への配置替えの際および6月以内ごとに1回，定期に行う。
	一定の有害業務（塩化ビニル，ベンゼン等の製造・取扱業務等）については，従事した後に他の業務に配置転換した労働者に対して，特別の項目の健康診断が必要となる。

健康診断の費用は，事業者負担とされています。もしも，費用の心配をして健康診断を躊躇する外国人労働者がいたら，そのことを説明しましょう。

健康診断の後は，労働者への結果の通知，一定の労働者についての医師の意見聴取（原則，健康診断実施から3月以内）などをしなければなりません。

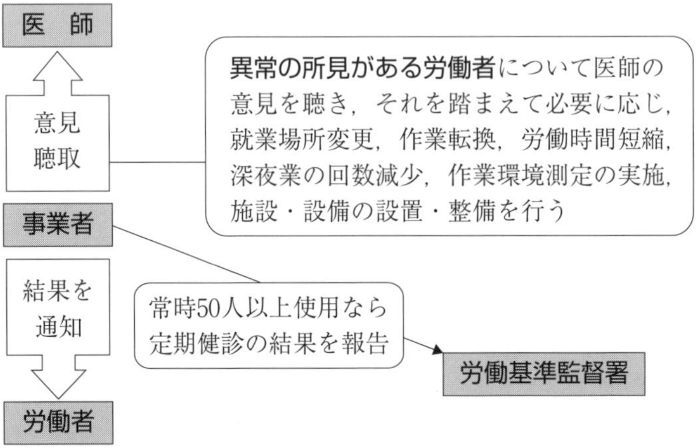

なお，異常の所見がある労働者についての，医師の意見を踏まえたうえでの事後措置には，「医師の意見を，衛生委員会もしくは安全衛生委員会または労働時間等設定改善委員会に報告する」というものもあります。

また，特に健康の保持に努める必要がある労働者*については，**医師または保健師による保健指導**を行うよう努めてください。

* 健康診断の結果，異常の所見を有すると判定された労働者等であって，医師等が必要と認めるものをいいます。

〔保健指導の具体的な内容として考えられるもの〕

- 日常生活面での指導
- 健康管理に関する情報の提供
- 再検査または精密検査の受診の勧奨
- 医療機関での治療の勧奨

健康診断個人票の記録と保存（原則５年間）も重要です。労働者への健診結果通知の際も，この個人票が役に立ちます。

> 通知の方法としては，健康診断を実施した医師，健康診断機関等から報告された個人用の結果報告書を各労働者に配布する方法，**健康診断個人票のうち必要な部分の写しを各労働者に示す方法**等がある。また，通知した旨の事実は，記録しておくことが望ましい。（通達）

健康診断と，それに伴う一連の流れをみてきましたが，これらはデリケートな問題であり，日本人労働者に対する説明でも特に気をつかうところでしょう。外国人労働者に対しては，外国での健康診断ゆえの不安があるでしょうから，問題点の指摘だけでなく，安心できる面も同時に伝えるなど工夫してみてください。

なお，外国人労働者が，何らかの治療の必要があり病院へ行く場合は，**「自分の状態を日本の医者に的確に伝えられるだろうか」**という不安が生じます。国際人材協力機構では，技能実習生向け資料として**各国語版の問診票**を作成しています（それぞれに日本語が併記されています）。これは，技能実習生以外の外国人労働者にも役立つと思われます。

○ 国際人材協力機構「ガイドブック・パンフレット」→「医療機関への自己申告表・補助問診票」*

https://www.jitco.or.jp/ja/service/guidebook/

* 英語版，中国語版，インドネシア語版，ベトナム語版，タイ語版，タガログ語版，モンゴル語版，ミャンマー語版，カンボジア語版，ラオス語版，ネパール語版のPDFファイルがあります。

(2) 面接指導

時間外・休日労働の時間数があわせて月80時間を超え，疲労の蓄積が認められる労働者は，面接指導を受けたいと申し出ることができます（ほかに，新商品開発業務等に従事し，時間外・休日労働が月100時間を超えた場合等の，申出不要の面接指導もあります）。

時間外労働には**月45時間・年360時間**という上限がありますが，**建設業，運**

送業など一部の業種には，この上限はまだ適用されていません。ということは，そのような仕事をする外国人労働者の時間外労働が，面接指導の要件に該当するくらい多くなることもあり得るのです。

それに，休日労働（法定休日労働を指します）には，時間外労働のような限度時間が設定されていません。限度時間いっぱいの時間外労働をしたうえで，１回10時間の休日労働を４回もすれば，合計で85時間になります。これでは，どんなに気を付けていても疲れがたまってしまいます。

産業医は，面接指導の申出を行うよう労働者に勧奨することができます（産業医は，常時50人以上の労働者を使用する事業場ごとに選任が義務づけられています）。

面接指導後は，医師の意見を勘案し，必要があると認めるときは，次の措置を講じることとされています。

就業場所の変更，作業の転換，労働時間の短縮，深夜業の回数の減少，医師の意見を衛生委員会もしくは安全衛生委員会または労働時間等設定改善委員会へ報告など。

〔面接指導の流れ〕

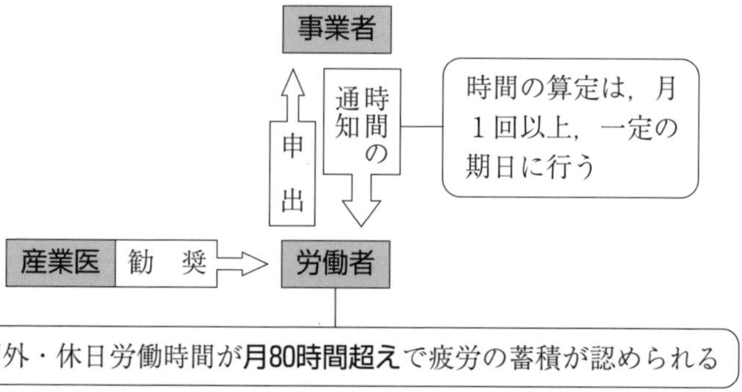

面接指導の費用は，事業者が負担すべきものとされています。

外国人労働者の時間外労働は，多すぎると，失踪などの問題につながることがあります。「月80時間超え」は，以前は「月100時間超え」でしたから，面接指導の申出の要件は緩和されています。しかし，**機械的に80時間まで様子をみるのではなく**，80時間未満でも疲れがみられたら周囲が注意してあげるのがよいでしょう。

面接指導は，過労死やメンタルヘルス不調を防ぐために行います。特に，技能実習生は，**脳・心臓疾患による死亡の割合**が高くなっています。国際人材協力機構では，チェックシートを使いながら過労死等防止対策を行うよう呼びかけています。

○ 国際人材協力機構「脳・心臓疾患による死亡（過労死等）防止対策チェックシート（実習実施機関向け＊）

https://www.jitco.or.jp/download/data/checksheet_home.pdf

＊ 技能実習生向けとして，日本語ひらがな版，英語版，中国語版，インドネシア語版，ベトナム語版，タイ語版，タガログ語版，モンゴル語版，ミャンマー語版，ラオス語版のPDFファイルもあります。

(3) ストレスチェック

ストレスチェックは，労働者の**メンタルヘルス不調を未然に防止する**ための制度です。医師，保健師等が**「心理的な負担の程度を把握するための検査」**を行い，その結果を**労働者に通知**します。

常時50人以上の労働者を使用する事業場では，１年に１回は必ず行うようにしてください（当分の間，常時50人未満の事業場では努力義務とされています）。人数のカウントは，本社，支店，工場などの**場所ごと**です。週１回しか出勤しないようなアルバイトの人でも，継続して使用し，常態として使用している状態であればカウントされます。

一方，ストレスチェックを行う対象としての「常時使用される労働者」とは，原則として次のいずれにも該当する人を指します。

① **期間の定めのない労働契約**であること（有期労働契約は，**１年以上**の契約である場合等に対象となる）

② 週所定労働時間数が当該事業場において同種の業務に従事する通常の労働者の週所定労働時間数の**４分の３以上**であること

検査は，調査票に書かれた質問に労働者が答える形で行われます。外国人労働者に対して行うときのために，英語版などが用意されています。

ストレスチェックの実施者は，結果によっては労働者に対し，**「面接指導の申出」を勧奨**します。面接指導が行われると，事業者は医師の意見に基づき，必要に応じて**労働時間の短縮**などの対応をします。

〔ストレスチェックの流れ〕

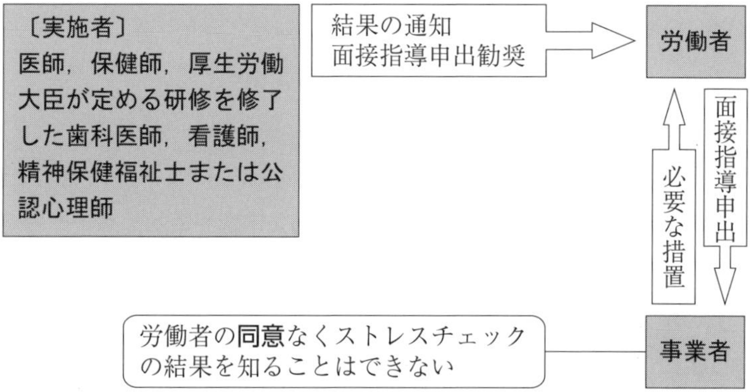

○ 静岡労働局「職業性ストレス簡易調査票（57項目）ポルトガル版，中国語版，英語版，ベトナム語版，日本語版」
https://jsite.mhlw.go.jp/shizuoka-roudoukyoku/hourei_seido_tetsuzuki/anzen_eisei/hourei_seido/_120099.html

○ 中央労働災害防止協会「多言語～外国人労働者受入れ拡大に対応～」日本語版，英語，中国語，ポルトガル語，ベトナム語，インドネシア語
https://www.jisha.or.jp/stress-check/option.html#tagengo

ストレスチェックは，上記の中央労働災害防止協会など，さまざまなところが行っています。外国人労働者についてはどのように対応してくれるのか，問い合わせの際に詳しく尋ねてみるのがよいでしょう。

また，国際人材協力機構では，**技能実習生についてのメンタルヘルス対策**をわかりやすくまとめたPDFファイルを作成しています。**「日本語がわからず，イライラする」「母国のことが心配で，仕事中も気になる」**など，外国人に特有の注意点があげられています。生活指導員に対する，**「日常的に技能実習生の様子に関心を持つことで感覚が磨かれる」**といったアドバイスや，技能実習現場や寮などで**「ちょっと注意すれば気づく徴候」**の例もあります。このガイドブックは，技能実習生以外の外国人労働者についてメンタルヘルス対策を講じる場合も，大いに参考になるでしょう。

○ 国際人材協力機構「ガイドブック・パンフレット」→「メンタルヘルスガイドブック」（実習実施機関向け＊）

https://www.jitco.or.jp/ja/service/guidebook/

＊ 技能実習生向けに，日本語ひらがな版，英語版，中国語版，インドネシア語版，ベトナム語版，タイ語版，フィリピン語版のPDFファイルもあります。

○ 国際人材協力機構「ガイドブック・パンフレット」→**「心とからだの自己診断表」＊**

https://www.jitco.or.jp/ja/service/guidebook/

＊ 技能実習生向けとして，日本語ひらがな版，英語版，中国語版，インドネシア語版，ベトナム語版，タイ語版，タガログ語版，モンゴル語版，カンボジア語版のPDFファイルがあります。

6　健康指導および健康相談の実施

そのほか，「外国人労働者の雇用管理の改善等に関して事業主が適切に対処するための指針」では，**産業医，衛生管理者等を活用**して，外国人労働者に対して健康指導および健康相談を行うよう努めることとされています。

7　自主点検

職場の状況は，毎日変化します。このため，安全管理者・衛生管理者等には作業場巡視義務が課せられ，労使が話し合ってよりよい安全衛生を実現するため，安全（衛生）委員会の制度もあります。

これに加えて，**外国人技能実習生**については，毎年「自主点検」を行い，その実施結果を国際人材協力機構が取りまとめて公表しています。

自主点検の項目には，全職種共通の安全衛生や，**健康管理，ゴミ捨てなどの日常生活，食事・宿舎**などの必須項目に加え，**危険・有害物を取り扱う工業的業種**に特有のものがあります。詳細は，機構のホームページで見ることができます。これらの項目は，雇入れ時の安全衛生教育を行う際の注意点や，**日々，外国人労働者と接していく中での気配りのヒント**としても，大変に役に立つと思われます。

○ 国際人材協力機構「ガイドブック・パンフレット」「実習実施機関用自主点検表」
https://www.jitco.or.jp/download/data/jissyukikan_jishutenken.pdf

Ⅲ　労働者災害補償保険法

1　労災保険の対象者の範囲

労災保険法には労働者の定義がありませんが，**労働基準法上の労働者と同様**と解されています。労働時間や労働日数がどんなに少なくても，「労働者」であれば保護されます。もちろん，国籍による除外規定もありません。

労働者を使用する事業なら，一定のものを除いて強制的に適用される保険です。外国人労働者にも，あらかじめ労災保険の制度を説明し，**雇入れと同時に労災保険が適用される**ことを伝えましょう。その際に，**負傷等が発生したらす**

ぐに知らせるよう話しておくと，いざというときにスムーズに受給を開始することができます。

労災保険の保険料は，全額事業主が負担しています。機械等による負傷なら，**労働基準監督署が現場を見にくる**こともあります。業務災害や通勤災害の発生状況を正確に把握することは，労務管理の必須事項なのです。

> **〔労働・社会保険の適用等について（指針）〕**
>
> 事業主は，外国人労働者に対し，労働・社会保険に係る法令の内容および保険給付に係る請求手続等について，**雇入れ時に行政機関が作成している多言語対応の広報資料等を活用する，母国語等を用いて説明する**等，外国人労働者が理解できる方法により**周知に努める**こと。また，労働・社会保険に係る法令の定めるところに従い，被保険者に該当する外国人労働者に係る適用手続等必要な手続をとること。

2　業務災害または通勤災害が発生したとき

事業主は，外国人労働者について労働災害等が発生した場合には，労災保険の給付の請求その他の手続に関し，**本人や家族等からの相談に応ずること**とされています。また，本人や家族等が**自ら手続を行うことが困難な場合等には，必要な援助を行うよう努める**こととされています。

工場内などでの業務災害なら，目撃者がいるので情報が集まりやすいでしょう。しかし，事業場外や通勤中の災害では，目撃者がないこともよくあります。非常時で混乱していると，母国語でもうまく話せない場合もあります。外国で負傷した，というショックも大きいでしょう。労災保険は，**原則として無料で治療できる**ことなど，制度の説明をしながら，**根気強く話を聞いてください。**

なお，**国際人材協力機構の東京本部（実習支援部　保険業務課03-4306-1172）**では，労災保険の給付内容，海外からの請求，証明書の取り寄せなどについて，アドバイスを受けることができます。

3　労災保険が強制適用されない事業場での対応

常時5人未満の労働者を使用する個人経営の農業の事業場など，一定の農林水産業の事業場は，労災保険が**任意加入**になっています。

では，外国人労働者が仕事で負傷し，治療のため，たとえば3か月間の休業を余儀なくされた場合はどうしたらよいでしょうか。労災保険は，労働基準法の災害補償を代行する制度です。**労災保険がなければ，治療費も休業補償も事業主の責任**となります。障害が残れば，**障害等級1級なら平均賃金の1,340日分を補償**しなくてはなりません。これは大きな負担です。

労災保険は**労働者の同意なしで任意加入**できますので，外国人労働者を雇うのならなおのこと，加入しておいたほうがよいでしょう。特に，技能実習生や特定技能外国人を受け入れる場合には，任意加入するか，それに類する措置を講じる必要があります。また，**労働者の過半数**（労働者が全部で4人なら3人以上）**が労災保険の加入を希望したときは**，加入手続をしなければなりません。

労災保険の任意加入	労災保険に任意加入後の脱退
事業主が申請 → 厚生労働大臣が認可 → 認可があった日から適用。 労働者の過半数が希望したときは，加入しなければならない。	次の要件が整ったうえで事業主が申請 → 厚生労働大臣が認可 → 認可があった日の翌日に保険関係が消滅する。 ①　**労働者の過半数の同意** ②　**加入後1年を経過している** （加入前の災害に対して保険給付を行う特例が適用されている場合は，その分に対する特別保険料の徴収期間が経過していることも必要となる）

Ⅳ　雇用保険法

1　雇用保険の被保険者となるとき

雇用保険も，**国籍によって適用を除外する規定はありません**。アルバイトや有期雇用でも，**週20時間以上で31日以上の継続雇用の見込み**があれば，被保険者となります。

雇用保険上の取扱いを細かく定めた「業務取扱要領」には，外国人に対する雇用保険の適用について，次の記述があります。

> **〔在日外国人〕**
>
> 日本国に在住する外国人は，外国公務員および外国の失業補償制度の適用を受けていることが立証された者を除き，国籍（無国籍を含む。）のいかんを問わず被保険者となる。
>
> **〔ワーキング・ホリデー制度による入国者〕**
>
> 主として休暇を過ごすことを目的として入国し，その休暇の付随的な活動として旅行資金を補うための就労が認められるものであることから，被保険者とならない。

なお，**雇用保険被保険者資格取得届**を提出するときは，**外国人労働者の雇用状況の届出**も同時に行います。

2 雇用保険が強制適用されない事業所での対応

雇用保険は，**常時５人未満**の労働者を使用する**個人経営の農林水産業**（船員が雇用される事業を除く）は**任意適用**です。厚生労働大臣の認可を受けて加入することはできますが，**労働者の２分の１以上の同意**が必要となります。加入すると，**労働者に保険料負担が生じる**ためです。なお，**労働者の２分の１以上**（全部で４人なら２人以上）**が希望**した場合には，加入しなければなりません。

雇用保険の任意加入	雇用保険に任意加入後の脱退
事業主が申請（労働者の２分の１以上の同意書を添付）→ 厚生労働大臣が認可 → 認可があった日から適用。	事業主が申請（**労働者の４分の３以上の同意書を添付**）→ 厚生労働大臣が認可 → 認可があった日の翌日に保険関係が消滅する。
労働者の２分の１以上が希望したときは，加入しなければならない。	

3　雇用保険の被保険者である外国人労働者が離職するとき

事業主は，外国人労働者が離職する場合には，**雇用保険被保険者離職票の交付**等，必要な手続を行うとともに，失業等給付の受給に係る**公共職業安定所の窓口の教示**その他必要な援助を行うよう努めることとされています。離職票を提出するのは**住所地管轄の公共職業安定所**であることなどを，丁寧に説明してください。

4　本人と連絡が取れなくなったとき

これは外国人労働者に限ったことではありませんが，本人が行方不明になってどうしても連絡が取れなければ，各種保険の退職手続を進めることになります。多くの場合は，**就業規則に一定期間連絡が取れない場合の取扱い**があらかじめ記載されているでしょうから，それに従って手続を進めてください。

技能実習生の失踪については，すぐに監理団体に連絡しましょう。

V　労働施策総合推進法

1　外国人雇用状況の届出

新たに外国人労働者を雇い入れた場合または外国人労働者が離職した場合には，一定の事項を，事業所の所在地を管轄する公共職業安定所に届け出なければなりません。これは，労働施策総合推進法に基づく制度で，雇用保険の加入対象とならない人についても必要です。この届出には，**不法就労の防止，離職した外国人への再就職支援**などの目的があります。

雇用保険の被保険者となる者	雇用保険の被保険者とならない者
雇入れに係る届出は，**雇い入れた日の属する月の翌月10日まで**。 離職に係る届出は，**事実のあった日の翌日から起算して10日以内**。	雇い入れた日または離職した日の属する月の**翌月の末日まで**。
被保険者資格取得または資格喪失の届出用紙に必要事項の記入欄がある。	**外国人雇用状況届出書**により届出を行う。
届出先は，事業所の所在地を管轄する公共職業安定所。	届出先は，勤務する事業所施設（店舗，工場など）の所在地を管轄する公共職業安定所。

公共職業安定所には，出張所もあります。届出先を確認したい場合は，電話で問い合わせてみるとよいでしょう。電話なら，届出作成にあたっての疑問点を聞くこともできます。

届出事項（生年月日，国籍などの一定の事項）は，所定の書類で確認しなければなりません。これは，在留資格によって異なります。

在留資格等	確認書類
①　中長期在留者*	在留カード
②　中長期在留者以外	旅券または在留資格証明書
③　資格外活動の許可を受けている中長期在留者	在留カード
④　資格外活動の許可を受けていて，③以外の者	旅券または在留資格証明書（許可の記載がなければ資格外活動許可書または就労資格証明書）
⑤　特定技能の在留資格がある者	在留カードおよび特定産業分野を記載した指定書
⑥　特定活動の在留資格がある者	在留カード（所持しない場合は，旅券または在留資格証明書）および法務大臣が指定する活動を記載した指定書

＊　中長期在留者とは，次の①～④のいずれにも該当しない人をいいます。
①　「３月」以下の在留期間が決定された人
②　「短期滞在」の在留資格が決定された人
③　「外交」または「公用」の在留資格が決定された人　等
④　特別永住者
⑤　在留資格を有しない人

「指定書」は，在留カードと共に交付されるものです。たとえば特定技能については，下記の**「運用要領」**の９ページに見本があります。また，下記の厚生労働省ホームページで見られる**「外国人雇用のルールについてのパンフレット」**には，在留カードなどについて，具体的に**どの欄を見ればよいのか**の見本が載っています。

○ 法務省「特定技能外国人受入れに関する運用要領」
　http://www.moj.go.jp/nyuukokukanri/kouhou/nyuukokukanri07_00201.html

○ 厚生労働省「外国人雇用状況の届出」は，全ての事業主の義務であり，外国人の雇入れの場合はもちろん，離職の際にも必要です！
　https://www.mhlw.go.jp/stf/seisakunitsuite/bunya/koyou_roudou/koyou/gaikokujin/todokede/index.html

なお，在留資格が「外交」，「公用」または「特別永住者」である場合には，雇用状況の届出は不要です。

2　再就職の援助

事業主は，その雇用する外国人が**解雇**（自己の責めに帰すべき理由によるものを除く）その他**事業主の都合により離職する場合**において，当該外国人が再就職を希望するときは，求人の開拓その他当該外国人の**再就職の援助に関し必要な措置**を講ずるように努めなければなりません。

〔再就職の援助に関し必要な措置の例〕

・　関連企業等へのあっせん
・　教育訓練等の実施・受講あっせん
・　求人情報の提供

これらは，**公共職業安定所との連携**で，より適切に行うことができます。

また，事業規模の縮小等を行う場合でも，外国人労働者に対して安易な解雇を行わないようにしてください。有期労働契約を更新しない**「雇止め」**も，安易に行わないようにしましょう。

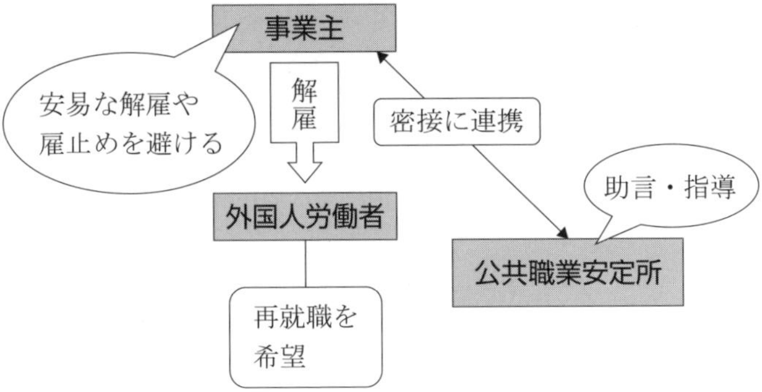

Ⅵ 男女雇用機会均等法

事業主は，女性である外国人労働者が**婚姻し，妊娠し，または出産したことを退職理由として予定する定め**をしてはなりません。また，**妊娠，出産等を理由として解雇その他不利益な取扱い**をすることも禁止されています。これらは国籍を問わない禁止事項ですから，すでに日本人労働者について適切に運用されている場合は，同様の注意事項を守れば問題ないでしょう。しかし，「妊娠したら帰国させられる」と思い込み，産んだ子を遺棄する技能実習生が少なくありません。

男女雇用機会均等法には，**事業主がセクハラ等を防止する義務**も規定されています。セクハラは日本人同士でも許されませんが，外国人労働者は言葉の問題などから，深刻な事態に追い込まれるケースが多いようです。表面化しにくく，被害者が申告しにくい問題ですが，メンタルヘルス不調，能率低下などにもつながりますから，早めに解決しなければなりません。マタハラ，パワハラとともに**相談窓口**を明確にするほか，日頃から職場内に，**相談しやすい雰囲気**を作っておきましょう。

【在留カードはここを確認しましょう！】

①　「就労制限の有無」欄を確認する

・　就労制限なし → 就労内容の制限なく雇用できる。

・　就労不可 → 裏面の「資格外活動許可」欄に許可の記載があれば，雇用できる（②へ続く）。

・　在留資格に基づく就労活動のみ可 →「特定技能」とあれば，**指定書**を確認すること。

・　指定書により指定された就労活動のみ可（特定活動）→ **指定書**を確認すること。

②　「資格外活動許可」欄の記載を確認する

・　許可（原則週28時間以内・風俗営業等の従事を除く）→ 複数のアルバイトをする場合は，**合計で週28時間以内**であること。

・　許可（資格外活動許可書に記載された範囲内の活動）→ **資格外活動許可書**を確認すること

③　在留カードの番号

出入国在留管理庁ホームページの「**在留カード等番号失効情報照会**」では，在留カードおよび特別永住者証明書の番号の失効情報を確認することができる。

ただし，これは在留カード等の有効性を証明するものではないため，本書p. 146にある「**在留カード真偽判断４つのポイント**」（出入国在留管理庁リーフレット）も確認のこと。

④　在留カードを所持していなくても就労できる場合

「旅券に**後日在留カードを交付する旨の記載がある**人」，「**３月以下の在留期間**が付与された人」，「外交，公用等の在留資格が付与された人」は，旅券等で就労できるかどうかを確認する。

※　難民認定申請中の人については，有効な在留カードを所持していない場合や在留カードに「就労不可」と表示されている場合は，雇うことができません。

第5章

外国人雇用と社会保険諸法令

1　健康保険の被保険者となるとき

健康保険の被保険者にも，**国籍要件はありません**。日本人労働者を雇ったときと同じように，適正に被保険者資格を取得する手続をしてください（二重加入の防止について，**第６章**を参照のこと）。

ただし，健康保険は，当然には適用されない事業所が多くなっています。2022（令和４）年10月からは，弁護士，社労士など，一定の士業も適用業種になりますが，執筆時点では次の16業種が適用業種です。

〔適用業種〕

①　製造業　②　土木・建築業　③　鉱　業　④　電気供給業　⑤　貨物，旅客運送業　⑥　貨物積卸し業　⑦　焼却，清掃，とさつ業　⑧　販売，配給業　⑨　金融，保険業　⑩　保管，賃貸業　⑪　媒介周旋業　⑫　集金，案内，広告業　⑬　教育，研究，調査業　⑭　保健衛生業　⑮　通信，報道事業　⑯　社会福祉法に定める社会福祉事業，更生保護事業法に定める更生保護事業

これら16業種のいずれかに該当していても，**個人経営で従業員が常時５人未満なら任意適用事業所**です。

また，次の業種は非適用業種であり，**個人経営なら，従業員が何人いても，健康保険の加入は任意**です。

〔非適用業種〕

①　農林，水産，畜産業　②　サービス業（旅館，飲食店，洗濯・理容・美容・浴場業，娯楽業，写真業，警備業等）　③　法務業（弁護士，社会保険労務士等の事務所）　④　宗教業（神社，寺，教会等）

任意適用事業所は，所定の手続をすれば健康保険の適用事業所となりますが，この手続をするかどうかは**事業主の自由**です。

〔任意加入の手続〕

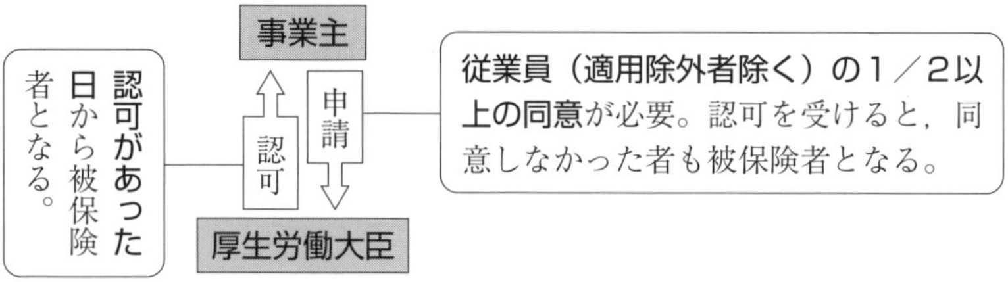

任意加入の認可があれば，外国人労働者も被保険者となり，健康保険の被保険者証を使うことができます。私傷病で休業した場合でも，要件をみたせば**傷病手当金**の受給もできるのです。ただし，**業務災害や通勤災害の場合**は，その旨を病院に申し出ることと，健康保険の被保険者証を使わないことを説明しておいてください。

2　健康保険の被扶養者となるとき

健康保険は，被扶養者についても**国籍要件はありません**。生計維持（年収）要件も，日本人の場合と同様に判断します。**住所は，原則として日本国内**になければなりません。この国内居住要件は，日本人でも同じです。

〔国外居住でも被扶養者になれるケース〕

留学生，海外赴任に同行する家族など一時的に国外に居住し，**国内に生活の本拠がないとまではいえない**ケースなどが該当する。

また，国内居住者でも，**医療滞在ビザ等による滞在者**等は被扶養者になれません。

被扶養者認定の際の提出書類は，健康保険組合は組合ごとに異なります。内規が改定されて提出書類が変わることもありますので，ケースごとに担当者に問い合わせるのが確実です。

3　健康保険がない事業所での対応

健康保険の適用がない事業所で働く外国人は，**国民健康保険**に加入することになります。事業主は，外国人労働者およびその家族が適切に国民健康保険加入の手続が行えるよう，**母国語等での手続の説明，市区町村等の相談窓口の案内，必要に応じた同行**等の必要な援助を行うよう努めてください。

4　健康保険の被保険者でなくなるとき

退職などの理由で外国人労働者が健康保険を脱退するときは，**被保険者証を会社に返すこと**，退職であれば**その翌日からは健康保険を使えないこと**を伝えてください。

国民健康保険に切り替える場合には，健康保険の資格喪失日（退職日の翌日など）がわかる書類が必要です。

5　国民健康保険の加入手続

国民健康保険に加入する手続は，市町村が窓口です。日本は国民皆保険が確立していますから，外国人も一定の場合を除いて国民健康保険に加入し，保険料を払います。

〔国民健康保険に入れない外国人〕

①　在留資格が３か月以下の者（「興行」「技能実習」「家族滞在」「特定活動（③④を除く）」「公用」の在留資格があり，３か月超え*で滞在すると認められる者は適用の可能性がある）

②　在留資格が「外交」「短期滞在」である者

③　在留資格が「特定活動」のうち，医療を受ける活動，またはその者の日常の世話をする活動の者（いわゆる医療滞在ビザによる滞在者）

④　在留資格が「特定活動」のうち，観光・保養等の活動を行う18歳以上の者，またはその者と同行する外国人配偶者

⑤ 日本と**医療保険を含む社会保障協定を締結している国**の者であって，社会保険加入証明書（適用証明書）の交付を受けている者
⑥ 不法就労者
⑦ 職場の健康保険等の加入者および被扶養者
⑧ 生活保護を受けている者
⑨ 後期高齢者医療制度の対象となる者（75歳以上の者等）

＊ 平成24年7月9日から，在留期間が3か月を超える外国人については住民票が作成され，国民健康保険に加入できるようになりました。

このような点を確認するため，国民健康保険の加入手続の際には，通常の手続に必要なもののほか，在留カードなどを持っていく必要があります。

○ さいたま市「外国人の方の国民健康保険の加入について」
https://www.city.saitama.jp/001/002/002/p064501.html

6 厚生年金保険の被保険者となるとき

会社の健康保険に入れる外国人は，70歳未満なら厚生年金保険もセットで加入することになります。外国人については，住民基本台帳ネットワークシステムで確認できる場合を除き，厚生年金保険の被保険者資格取得届に**「ローマ字氏名届」**を添えてください。

7 厚生年金保険がない事業所での対応

厚生年金保険が適用されない事業所の範囲は，基本的に健康保険と同じです。労働者の希望があったとしても，任意加入の申請をする必要はありません（ただし，指針では，外国人労働者の希望に応じて申請することとしています）。

厚生年金保険の特徴として，**在職中に個人単位で加入できる**制度があります。勤務先に厚生年金保険の適用がなく70歳未満の場合は**任意単独被保険者**といい，**事業主の同意（保険料の折半負担および納付の義務を負うこと，各種の届出を行うことについての同意）と厚生労働大臣の認可**によって加入します。その後，

いつでも，厚生労働大臣の認可を受けて脱退することができます。

厚生年金保険に加入しない20歳以上60歳未満の国内居住者は，外国人であっても一定の場合を除き，国民年金の第１号被保険者となります。

8　国民年金の強制適用（第１号被保険者）

日本国内に住所を有する20歳以上60歳未満の人であって，第２号被保険者にも第３号被保険者にも該当しない人は，原則として国民年金の第１号被保険者となり，**保険料を納付**します。

ただし，国内居住者でも医療滞在ビザ等による人などは適用除外とされています。

保険料の額は，令和３（2021）年度は**月額16,610円**，令和４（2022）年度は**月額16,590円**です。前年（１～６月までの保険料については，前々年）の所得などにより，**保険料の全部または一部が免除**される場合があります。

保険料の額は，決して少ないとはいえず，金額で躊躇する外国人がいるかもしれません。それでも事業主としては，**国民年金は強制加入であること**を説明し，きちんと手続をすれば，万が一の場合の**障害基礎年金**につながることなども伝えてください。

9　国民年金の強制適用（第２号被保険者）

厚生年金保険の被保険者は，基本的に国民年金の第２号被保険者です。厚生年金保険の保険料を払っていますから，それに加えて国民年金の保険料を払う必要はありません。

国籍だけでなく国内居住要件も問わないのが，第２号被保険者の特色です。

10　国民年金の強制適用（第３号被保険者）

第２号被保険者の被扶養配偶者（健康保険の認定基準と同じ）であって，**20歳以上60歳未満**の人は，**保険料負担なし**で国民年金に加入します。これが第３号被保険者です。

令和２（2020）年４月から国内居住要件が加わりましたが，**国籍は問われません。留学等の場合は国外居住でもよい**ことや，国内居住でも**医療滞在ビザ等による人は対象外**であることなどは，健康保険の被扶養者と同じです。

〔第２号被保険者と第３号被保険者の関係（夫・妻は例示）〕

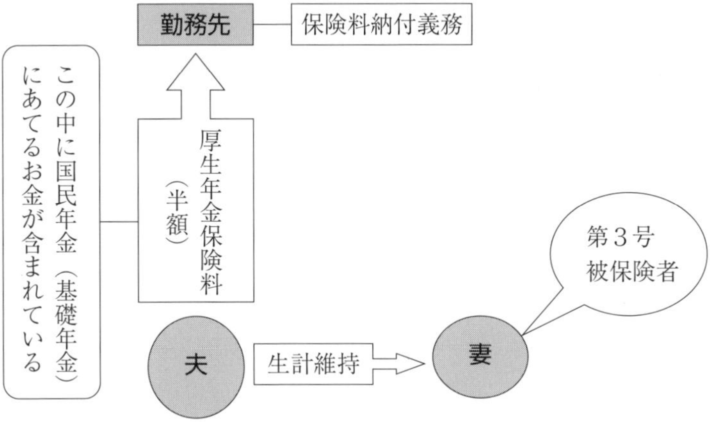

11　国民年金の任意加入

国民年金に60歳になるまで加入しても，加入時の年齢が高かったなどの理由で，年金の受給権を得られない人がいます。その場合でも**65歳になるまで**は任意加入して保険料を払うことができますし，それでも足りなければ最長で**70歳になるまで**払うことができます。

60歳以上65歳未満の国内居住者	国籍を問わず任意加入できる
65歳以上70歳未満の者	国内居住なら国籍不問で任意加入できる

老齢基礎年金は，現在，国民年金の加入が10年間で受給資格をみたします（原則，保険料納付済期間または保険料免除期間で10年以上あること）。**障害基礎年金**は，初診日の属する月の前々月までの１年間に保険料滞納期間がないこと等が求められます。

障害基礎年金の額は**２級でも約78万円**で，決して少ない額ではありません。国民年金の加入は何よりも自分のためであることを外国人労働者に説明し，資格取得手続を促してください。

12　障害に関する給付の説明

国民年金または厚生年金保険の被保険者期間中に初診日がある傷病によって，障害等級に該当する障害の状態になったときは，障害に関する年金等が支給される可能性があります。事業主は，このことを「外国人労働者に教示するよう努めること」とされています。

以下，簡単な説明ですが，参考にしてください。

(1)　障害基礎年金

①　支給要件

・　初診日（その傷病について初めて医師または歯科医師の診療を受けた日）に次のいずれかに該当すること。

イ　**被保険者**であること。

ロ　被保険者であった者であって，**日本国内に住所を有し，60歳以上65歳未満**であること。

・　障害認定日（初診日から１年６月を経過した日またはその期間内で傷病が治った（症状が固定した）日）において，**障害等級１級または２級**に該当すること。

・　**初診日の前日において保険料納付要件をみたしていること（加入直後の外国人のような，保険料納付要件を問えない場合は，この部分は不問となる）。**

たとえば，交通事故に遭い，病院に運ばれて数日中に足を切断したような場合は，その切断の日が障害認定日です。

障害認定日に１級または２級に該当しなくても，**65歳に達する日の前日**（65

歳の誕生日の２日前）までに悪化して該当すれば，**「事後重症」**の障害基礎年金を請求できます（65歳に達する日の前日までに請求を済ませること）。

また，１級にも２級にも該当しない軽度の先発障害があり，その後，軽度の後発障害（基準障害）が発生し，**併合して２級以上に該当した場合**も，障害基礎年金を請求できます（65歳に達する日の前日までに併合して２級以上に該当すること）。この場合，後発障害について保険料納付要件等を問われます。

なお，国民年金も厚生年金保険も，**業務上・外の障害を問わず支給対象となります。**

②　保険料納付要件

> **初診日の属する月の前々月**までの全被保険者期間中，**保険料滞納期間が３分の１未満**であること＊（要するに，３分の２以上が保険料納付済期間または保険料免除期間であること）。
>
> ＊　初診日が令和８（2026）年４月１日前であり，65歳未満の者については，初診日の属する月の前々月までの１年間に保険料滞納がなければよい。

たとえば，令和３（2021）年４月15日が初診日なら，令和３（2021）年２月までの保険料納付実績で判断します。これは，保険料の納期限が「翌月末日」であるためです。

令和３年２月分	令和３年３月分	令和３年４月分
３月末が納期限	４月末が納期限	５月末が納期限

４月15日の時点では，まだ３月分の納期限が来ていませんから，２月分までで考えます。

③　年　金　額

障害等級	障害基礎年金の額
１級	２級の額×1.25（令和３年度は976,125円）＊
２級	780,900円×改定率（令和３年度は780,900円）＊

＊　一定の子があれば「子の加算」が行われます。

障害給付には税金がかからず，１級または２級であれば国民年金の保険料が免除されるなどの配慮もされています。

しかし，「今までは国民年金保険料を納める手続も免除の申請もしていなかったけれど，事故が起こったから今から免除申請をして年金をもらおう」ということは認められません。**保険料納付要件は，初診日の前日においてみたしていなければならない**のです。

(2) 障害厚生年金

① 支給要件

- **初診日に厚生年金保険の被保険者**であること。
- 障害認定日に障害等級（**１級～３級**）に該当すること。
- 障害基礎年金と同様の**保険料納付要件**をみたしていること。

厚生年金保険の被保険者は，基本的に国民年金にも入っていますから，保険料納付要件は国民年金の期間で判断します。障害認定日の時点では退職していてもかまいませんし，「厚生年金保険に○月以上入っていたこと」という要件もありません。

事後重症の場合などの要件は，障害基礎年金と同じです。

② 年　金　額

障害厚生年金の額は，一人ひとりの標準報酬月額・標準賞与額と，被保険者期間の月数に基づいて計算されます（報酬比例の年金額）。被保険者期間の月数は**最低300月（25年）の保障**があります。たとえば，**日本で２年間だけ厚生年金保険に加入した外国人も，25年で計算される**ということです。

障害等級	障害厚生年金の額
１級	報酬比例の年金額×1.25（＋配偶者加給年金額）
２級	報酬比例の年金額（＋配偶者加給年金額）
３級	報酬比例の年金額

障害等級１級または２級の場合は，障害基礎年金と併給されます。障害等級３級など，障害基礎年金が支給されない人には，最低保障額が適用されます。

> **〔障害厚生年金の最低保障額〕**
> ２級の障害基礎年金の額×３／４

(3) 障害手当金

障害等級３級にも該当せず，次の要件をみたす人には，一時金である障害手当金（原則，報酬比例の年金額×200／100）が支給されます。

> ・ 初診日に厚生年金保険の被保険者であったこと。
> ・ 初診日から起算して５年を経過する日までの間に傷病が治っていること。
> ・ 治った日に政令で定める程度の障害の状態に該当すること。
> ・ 障害厚生年金と同様の保険料納付要件をみたしていること。

13 国民年金の脱退一時金

脱退一時金は，短期滞在の外国人が納めた保険料が**掛捨て防止になるのを防ぐための制度**です。平成６（1994）年の法改正によって，平成７（1995）年から発足しました。

国民年金第１号被保険者として１年間保険料を支払った人なら，10万円近いお金が一時金として支払われます。支給額は，保険料納付済月数等に応じて決まります。**６月未満**の人には支給されません。

〔脱退一時金の支給額（最後の保険料納付月が令和２（2020）年度内の場合）〕

保険料納付済月数等	脱退一時金の支給額
６月以上12月未満	49,620円
12月以上18月未満	99,240円
18月以上24月未満	148,860円
24月以上30月未満	198,480円
30月以上36月未満	248,100円
36月以上	297,720円

たとえば，令和元（2019）年10月から令和２（2020）年９月までの12月間について保険料を納めた場合は，次のようになります。

令和元（2019）年10月分～令和２（2020）年３月分として月額16,410円×６＝98,460円納付。
令和２（2020）年４月分～９月分として月額16,540円×６＝99,240円納付。
合計で98,460円＋99,240円＝197,700円納付した。
脱退一時金の額は，「12月以上18月未満」なので99,240円となる。

約半分のお金が戻ってくる計算です。

ただし，制度の趣旨から，保険料納付済月数等の計算には，上限が設けられています。従来は３年が上限でしたが，令和３（2021）年度からは**５年**となりました。

この改正は，外国人の受け入れ拡大に直結しています。**「特定技能１号」の在留期間上限が５年であること**，制度創設時と比べて３～５年以上滞在した外国人が増えた（約５％→約16％）ことが背景にあります。

保険料納付済月数等といいましたが，保険料を納めた月だけでなく**一部免除の月も一定割合で算入**されます。

保険料免除の割合	脱退一時金の支給要件に算入される月数
4分の1	4分の3の月数
半額	2分の1の月数
4分の3	4分の1の月数

なお，脱退一時金を受給するには，次のいずれにも該当する必要があります。

- 老齢基礎年金の受給資格期間（10年）を満たしていない。
- 障害基礎年金の受給権を有したことがない。
- 国民年金の被保険者資格を喪失した。
- 日本国内に住所がない＊。
- **帰国後２年を経過していない。**

＊　転出届を市区町村に提出すれば，そのことが確認できる書類を添付して，転出日以降に日本国内で請求書を提出することが可能です。

なお，脱退一時金を請求すると，その計算の基礎となった期間は**被保険者でなかったものとみなされます**。中には，「将来，老齢給付の受給の可能性があるから，期間を残しておきたい」と考える人もいるでしょう。また，**社会保障協定**（**第６章**を参照）によって**公的年金の加入期間が通算され，年金受給に結びつく**人もいます。脱退一時金の請求は強制ではないので，外国人労働者には，これらのこともあわせて説明してください。

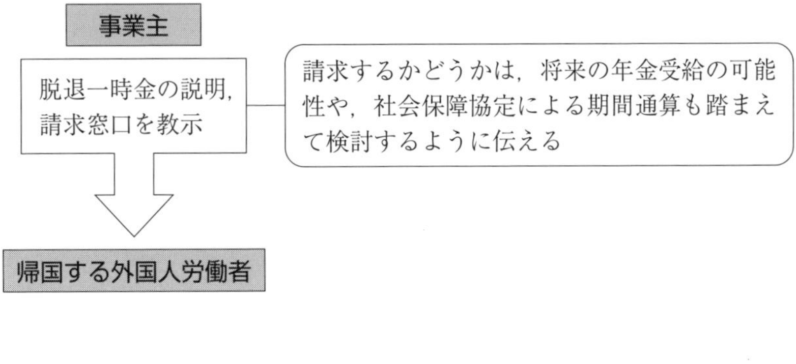

14　厚生年金保険の脱退一時金

厚生年金保険にも脱退一時金の制度があり，次のいずれにも該当する外国人に対して支給されます。

- 被保険者期間が**6月以上**ある。
- 老齢厚生年金の受給資格期間を満たしていない。
- 障害厚生年金，障害手当金等の受給権を有したことがない。
- 日本国内に住所がない。
- 帰国後**2年**を経過していない。

短期滞在を繰り返す外国人について，脱退一時金の**支給回数の制限はありません**。また，**国民年金と厚生年金保険の両方の脱退一時金の支給要件をみたした人**は，それぞれ受給することができます。

厚生年金保険では，「平均的な報酬の額×支給率」が支給額となります。被保険者期間は国民年金と同じで，従来は３年が上限でしたが**5年**に改正されています。

たとえば，令和２（2020）年まで厚生年金保険に３年間（36月）入っていた人について考えてみましょう。その間の標準報酬月額と標準賞与額（ボーナスの1,000円未満を切り捨てたもので，月150万円が上限）から平均的な報酬の額を求めた結果が，26万円だとします。すると，脱退一時金の額は，次のようになります。

260,000円×183／1,000＊×１／２×36月＝856,440円

＊　脱退一時金は，原則として「被保険者資格喪失月の前月の属する年の前年10月」の保険料率を用いて計算されます。厚生年金保険の保険料率は，平成29（2017）年９月以後は1,000分の183で固定されています。

保険料率に２分の１を乗じるのは，**被保険者本人の負担割合が2分の1**であるためです。

単純化すると，この人がボーナスなしで，26万円に対する保険料（260,000円×183／1,000×１／２）を36月間払ってきたとすれば，脱退一時金で同じだけ返ってくるということです。

公的年金は用語や仕組みが難解ですが，外国人も含めて，給付と負担のバランスを考えて設計されていることがわかります。

人によっては，日本の社会保険に強制的に加入となることについて，抵抗を感じるかもしれません。しかし，**適正に加入手続をしないと会社がペナルティを負う**ことになります（過去２年分の保険料の徴収など）。現在は，厚生年金保険の保険料率が固定されて計算しやすいので，入社時の給与をもとにして脱退一時金の試算を示すのも，スムーズに加入手続を進めることに役立つでしょう。

〔参考：老齢厚生年金の年金額〕

先ほどの事例で，脱退一時金ではなく老齢厚生年金を受給することになった場合の年金額は，どのようになるのでしょうか。各種の特例を考慮しない原則的な計算で数字を出してみると，約５万円の年金になります。

・　平均的な報酬の額　26万円
・　厚生年金保険の被保険者期間の月数　36月

⇒ 260,000円×5.481／1,000×36月＝51,302円（年額）

年額５万円というと少ない気がしますが，老齢厚生年金の受給権があるなら，**老齢基礎年金**も受給できます。老齢厚生年金を受給するには，**老齢基礎年金の受給資格が必要**なためです。

老齢基礎年金は，**最低10年の保険料納付等**で受給できますから，ここでは保険料を10年納付したことにします（複数回来日し，合計で国民年金第１号被保険者７年間，厚生年金保険３年間と仮定）。老齢基礎年金の額は**40年間保険料納付済で約78万円**ですから，10年間なら４分の１で，195,000円くらいです。これを老齢厚生年金51,302円と足すと，次のようになります。

51,302円＋195,000円＝246,302円（年額）

この年金は，**65歳から死亡するまで**支給されます。70歳になるまで５年間受給した場合は，**246,302円×５年＝1,231,510円**となります。

〔脱退一時金と将来の年金と，どちらが得か〕

この事例では，厚生年金保険の脱退一時金は，856,440円です。ほかに，国民年金の脱退一時金を令和２（2020）年度の上限額で１回受け取ったとすると，その額は約30万円です。これらを合計すると，約115万円となります。年金を５年間受給した場合の約120万円と比べて，大きな損にはならないようです。

老齢基礎年金および老齢厚生年金は，**繰下げ受給を選択**すれば，**１月あたり0.7%の率で増額**されます。現在は，最大60月の繰下げができますから，**最大で42%増やす**ことができます。246,302円の年金なら，70歳からの受給で年額349,748円になるわけです（令和４（2022）年度からは，最大120月で84％の増額が可能となります）。

日本人の平均寿命は80歳を超えていますから，日本人にとっては繰下げ受給は魅力的な制度です。しかし，世界の平均寿命をみると，タイやベトナムは70代半ばですが，**モンゴル・インドネシア・カンボジア・フィリピン・ネパール**は60代後半～70代前半です。単純に，「繰下げ受給まで考えれば，脱退一時金でなく年金を選択したほうがお得ですよ」とはいえません。

ただ，年金の保険事故は老齢に限りません。帰国後に，**障害給付**や**遺族給付**の支給要件として，**日本の公的年金加入期間を通算できる**場合があります（通算できるかどうかは，社会保障協定の内容によります）。

いずれにしても，外国人労働者に対しては，「あの時，会社がきちんと説明してくれた」と思ってもらえるようにしておきたいものです。説明する立場の方は，**「自分が外国で年金の保険料を払ったら，退職して帰国する時に知りたいことは何だろう？」**と想像してみてください。

第6章

社会保障協定

1　社会保障協定

日本と初めて社会保障協定を締結したのはドイツで，平成12（2000）年のことです。その後に締結国が増え，現在は20か国との間での協定が発効しています。

〔社会保障協定が発効済の国〕

ドイツ　英　国　韓　国　アメリカ　ベルギー　フランス

カナダ　オーストラリア　オランダ　チェコ　スペイン

アイルランド　ブラジル　スイス　ハンガリー　インド

ルクセンブルク　フィリピン　スロバキア　中　国

（イタリア，スウェーデン，フィンランドは署名済未発効）

協定の相手国で就労する場合には，原則として，相手国の社会保障制度のみに加入すればよいこととされています。ただし，**一時派遣**の場合は，例外があります。

＜協定の相手国から日本へ来て働く場合＞

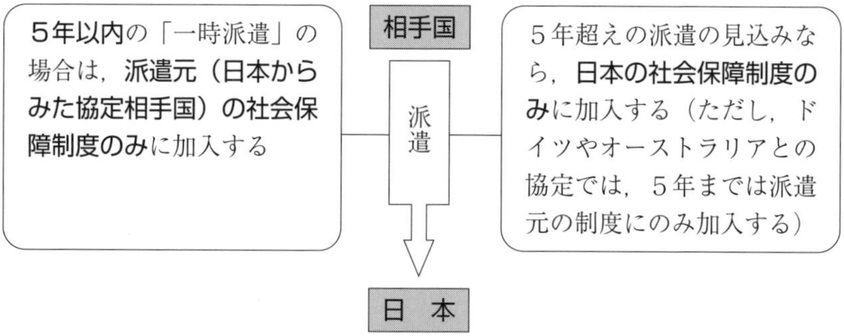

派遣期間	加入する社会保障制度
① 5年以内の一時派遣	相手国の制度*
② 上記①の派遣が，予見できない事情で5年を超えることとなった場合	原則，日本の制度に加入となるが，両国の合意があれば相手国の制度に加入
③ 5年超えが見込まれる派遣	原則，日本の制度

* これは，「日本の社会保障制度の適用が免除される」という意味です。免除されるためには，相手国の**「適用証明書」**が必要です。適用証明書の交付については，相手国の実施機関に確認してください。派遣期間が延長される場合は，新たな適用証明書が必要となります。

そのほか，加入する制度について注意が必要なのは，次のケースです。

イ　**日本での現地採用**の場合は，**日本の制度**に加入する。

ロ　同一期間に両国で同時に就労する場合は，**生活の本拠を置く国の制度**に加入する（英国，韓国，イタリアとの協定のみ）。

ハ　**海上航行船舶の乗組員**などについては，協定ごとに異なる。

日本で現地採用する外国人労働者や，長期派遣の外国人労働者については，**通常の被保険者資格取得手続**を行ってください。

協定の対象となる社会保障制度は，医療保険と年金であったり，雇用保険も含まれていたりと，相手国の社会保障制度によって異なります。年金については，**二重加入の防止および加入期間の通算**を目的とするものと，**二重加入の防止のみ**を目的とするものとがあります。

○ 日本年金機構「協定を結んでいる国から日本で働く場合の加入すべき制度」
https://www.nenkin.go.jp/service/kaigaikyoju/shaho-kyotei/kyotei-gaiyou/20131220-03.html

○ 日本年金機構「協定を結んでいる国から日本で働く場合の手続き」
https://www.nenkin.go.jp/service/shaho-kyotei/shikumi/nijukanyuboshi/20120802-02.html

○ 日本年金機構「社会保障協定に関する各種申請書・添付書類」
https://www.nenkin.go.jp/service/kaigaikyoju/shaho-kyotei/sinseisho/tenpu.html

2　ドイツとの社会保障協定（平成12年２月発効）

協定の内容は，公的年金制度の**二重加入防止および加入期間の通算**です。ドイツでは，老齢年金の最低加入期間が**５年**とされています。日本の年金制度に５年以上加入した人は，帰国後も任意に日本の国民年金制度に加入することができます。

また，日本での加入期間のみでは６月以上ない人も，ドイツでの加入期間とあわせて６月以上あれば，脱退一時金を請求できます。

○ 日本年金機構「協定相手国別の情報（ドイツ）」

https://www.nenkin.go.jp/service/shaho-kyotei/kunibetsu/info/germany.html

3　英国との社会保障協定（平成13年２月発効）

協定の内容は，公的年金制度の二重加入の防止です。**加入期間の通算は行われません。**

〔加入期間の通算が行われない理由〕

英国の方針が「二重加入防止に限定した内容とする」というものであるため，その政策が変更されるのを待つよりも，早期に協定を締結することを優先した。

英国では，所得によって公的年金の加入義務があります。老齢年金の最低加入期間は，2016年４月６日以降に65歳を迎える人については10年とされています（以前は最低加入期間が１年でした）。

注意点として，英国から**一時派遣され，国民年金法の適用が免除されている60歳未満の人は，国民年金の任意加入＊ができません。**

＊ 国民年金には，第１号被保険者から除外される一定の人について，任意加入を認める制度があります。

○ 日本年金機構「協定相手国別の情報（英国）」

https://www.nenkin.go.jp/service/shaho-kyotei/kunibetsu/info/england.html

4　韓国との社会保障協定（平成17年4月発効）

協定の内容は，公的年金制度の二重加入の防止です。**加入期間の通算は行われません**。

韓国では，老齢年金の最低加入期間が20年とされています。

韓国との協定の特色としては，次のものがあります。

① いずれか一方の国の旗を掲げる海上航行船舶で船員として就労する者に両国の法令が適用されることとなる場合は，**通常居住する領域の属する国**の法令のみ適用する。

② 予見できない事情など特別の事情があり，５年を超えて派遣（自営活動）期間が延長される場合は，**３年を超えない期間**は，引き続き**派遣元の年金制度のみ適用**とすることができる。ただし，延長が認められなかった場合は，当初派遣から５年以降は，**派遣先の国の年金制度の適用**を受ける。

○ 日本年金機構「協定相手国別の情報（韓国）」

https://www.nenkin.go.jp/service/shaho-kyotei/kunibetsu/info/korea.html

5　アメリカとの社会保障協定（平成17年10月発効）

協定の内容は，**公的年金制度および公的医療保険制度**の二重加入の防止と，**年金加入期間の通算**です。

ただし，日本の医療保険の適用が免除されるのは，**アメリカの民間医療保険に加入している人**だけです。家族が一緒に日本に来ている場合には，本人だけでなくその家族も，アメリカの民間医療保険に加入していなければなりません。

そのほか，次のような注意点があります。

① 日本国の旗を掲げる海上航行船舶または合衆国の船舶の乗組員としての雇用について両締約国の法令が適用されることとなる者については，

通常居住する領域の属する国の法令のみ適用する。

② 国際線航空機乗務員に両国の制度が適用される場合は，航空会社の**本社がある国の制度のみ**を適用する。

③ アメリカの企業から日本に派遣され，日本の社会保障制度の免除を受けるためには，派遣前にアメリカで原則**6か月以上継続して就労または居住**し，**アメリカの社会保障制度に加入**していること。

○ 日本年金機構「協定相手国別の注意事項（アメリカ）」

https://www.nenkin.go.jp/service/shaho-kyotei/kunibetsu/notice/usa.html

6 ベルギーとの社会保障協定（平成19年1月発効）

公的年金制度（**加入期間の通算あり**），公的医療保険制度だけでなく，ベルギーの**公的労災保険制度・公的雇用保険制度**も二重加入防止の対象とされています。これは，保険料徴収が一つの機関により一括して行われ，**労災保険，雇用保険，医療保険，年金等が一体的に適用されている**ためです。

そのほかの主な特色は，次のとおりです。

① 年金加入期間の通算

イ **ベルギーの一般の老齢年金**や遺族年金には，最低加入年数が設けられていない。

ロ **「早期退職年金（60歳から）」**を受給するには，ベルギーでの年金加入期間が**42年以上**あること。この期間に，**日本での年金加入期間を通算することができる**。

ハ **障害給付**には加入要件が設けられている。これを判断する際に，日本の年金加入期間が考慮される。

② 海上航行船舶の乗組員，国際線航空機乗組員には，**雇用者の所在する締結国の強制加入に関する法令のみ**が適用される。

③ 一時派遣の場合に，予見できない事情など特別の事情があり，5年を

超えて派遣（自営活動）期間が延長される場合は，**原則１年（最大２年）は，引き続き派遣元の制度のみ適用とすることができる。**延長が認められなかった場合は，当初派遣から５年以降は，**派遣先の国の制度の適用**を受ける。

○ 日本年金機構「協定相手国別の情報（ベルギー）」

https://www.nenkin.go.jp/service/shaho-kyotei/kunibetsu/info/belgium.html

7　フランスとの社会保障協定（平成19年６月発効）

公的年金制度（**加入期間の通算あり**），公的医療保険制度だけでなく，フランスの**公的労災保険制度**も二重加入防止の対象とされています。これは，フランスでは**医療保険，年金，労災保険が一体不可分**の制度であるためです。

そのほかの主な特色は，次のとおりです。

① **年金加入期間の通算**

イ　**フランスの一般の老齢年金や遺族年金**には，最低加入年数が設けられていない。

ロ　**障害年金および一部の特別制度（フランス国鉄，フランス電気ガス公社など）**は，**１年以上**の最低加入期間を設定している。これを判断する際に，日本の年金加入期間が考慮される。

② フランスの旗を掲げる海上航行船舶で被用者として就労し，日本の事業主から報酬を受け，日本に住所を有している者は，期限の限定なく**日本の社会保障制度に加入し，フランスの社会保障制度加入は免除される。**

③ 一時派遣の場合に，予見できない事情など特別の事情があっても，**原則として延長は認められないため，当初派遣から５年以降は派遣先の国の制度のみ適用**となる（１年を限度として延長が認められることもある）。

○ 日本年金機構「協定相手国別の情報（フランス）」

https://www.nenkin.go.jp/service/shaho-kyotei/kunibetsu/info/france.html

8　カナダとの社会保障協定（平成20年３月発効）

協定の内容は，**公的年金の二重加入の防止および加入期間の通算**です。ただし，ケベック州に独自に設けられている年金制度は対象外とされています。また，保険料でなく税を財源とするカナダの「老齢保障制度（OAS)」は，二重加入防止の対象外です。日本の年金制度との間で適用調整をするのは，**社会保険方式のカナダ年金制度（CPP）のみ**＊となります。

＊　カナダの企業から日本に派遣され，日本の年金制度の適用免除を受けるためには，派遣直前に原則として**継続６月以上，カナダで就労または居住し，カナダの年金制度に加入している**必要があります。

〔カナダ年金制度（CPP）の特色〕 ①　**退職年金**には，最低加入期間の要件がない。 ②　**遺族年金および障害年金**には，最低加入期間の要件がある。これを判断する際に，日本の年金加入期間が考慮される。

なお，日・カナダ協定では，医療保険制度は対象となっていません。これは，カナダの医療保険が各州の権限で独自に運営されているためです。

○　日本年金機構「協定相手国別の情報（カナダ)」

https://www.nenkin.go.jp/service/shaho-kyotei/kunibetsu/info/canada.html

9　オーストラリアとの社会保障協定（平成21年１月発効）

オーストラリアには，**税を財源とする「社会保障制度」**と，**保険料を財源とする「退職年金保障制度」**があります。日本の公的年金制度と**加入期間が通算**されるのは，「社会保障制度」です。また，**通算が行われるのは老齢給付のみ**です。具体的には，オーストラリアの老齢年金は**国内居住期間の要件**があり，これに日本の公的年金加入期間を通算することができます。

「退職年金保障制度」は**被用者のみを対象とする制度**で，こちらの制度については**二重加入防止**の取決めがあります。

	社会保障制度（豪）	退職年金保障制度（豪）
国民年金・厚生年金保険	老齢の期間通算	二重加入防止

そのほかの主な特色は，次のとおりです。

① 一時派遣について，5年超えが見込まれる派遣でも，5年までは派遣元の年金制度のみに加入する。5年以降は派遣先の制度のみに加入するが，一定の場合*には個別に判断した上で引き続き派遣元の制度のみ加入となる。

* 一定の場合とは，後任者が死亡・重病などのため引継ぎができない場合，本人・家族の病気の場合，子の修学未了の場合，まもなく定年退職する場合，派遣期間中に予期しない個人的事情（本人・家族の病気など）で短期間帰国したことがある場合，延長理由がどちらかの国の政策と関係がある場合などをいいます。

② オーストラリアから日本の関連企業への一時派遣の場合は，全部または過半数の資本を同じくする場合のみ，日本の年金制度の加入が免除される。

なお，**医療保険制度の二重加入防止の取決めはありません**。これは，オーストラリアの医療保険制度が**税方式**であり，保険料を二重に取られることがないためです。

○ 日本年金機構「協定相手国別の情報（オーストラリア）」

https://www.nenkin.go.jp/service/shaho-kyotei/kunibetsu/info/australia.html

10 オランダとの社会保障協定（平成21年3月発効）

公的年金制度（**加入期間の通算あり**），公的医療保険制度だけでなく，オランダの**雇用保険制度**も二重加入防止の対象とされています。ただし，オランダから日本への2回目以降の派遣の場合には，前回の派遣から1年が経過していること，というルールがあります（**1年インターバルルール**）。

そのほかの主な特色は，次のとおりです。

① 一時派遣について，予見できない事情や特別の事情で５年を超える場合には，個別に判断＊したうえで，５年以降も**１年間は派遣元の制度のみに加入できる**。

＊ 当初５年の派遣期間が満了するまでにオランダ側と協議を開始する必要があるため，**当該満了日の１か月前までに，延長の申請書を年金事務所に提出**する。

② オランダの老齢給付には，最低加入年数が設けられていない。**障害給付または遺族給付**については，**オランダでの雇用・居住期間が12か月以上**あれば，日本の年金制度加入中の障害または死亡についても給付を受けられる。

③ 随伴家族については適用調整（二重加入防止）の取決めがないため，日本国内で就労しない場合でも**日本の医療・年金制度が適用される**。

○ 日本年金機構「協定相手国別の情報（オランダ）」

https://www.nenkin.go.jp/service/shaho-kyotei/kunibetsu/info/netherlands.html

11 チェコとの社会保障協定（平成21年６月発効）

公的年金制度（**加入期間の通算あり**），公的医療保険制度のほか，チェコの**雇用保険制度**も二重加入防止の対象とされています。これは，チェコの社会保障制度においては，年金，医療保険と雇用保険等の保険料が一体的に徴収されているためです。

そのほかの主な特色は，次のとおりです。

① 一時派遣について，予見できない事情や特別の事情で５年を超える場合には，申請に基づき，両国で個別に判断し合意したうえで，５年以降も**３年間までは派遣元の制度のみに加入できる**。

② チェコの老齢年金の最低加入期間は35年。日本の年金加入期間だけでなく，チェコと社会保障協定を締結している他の国での年金加入期間も

通算できる（チェコの保険期間が12か月以上ある場合のみ）。
③ **随伴家族**については，協定によりチェコの社会保障制度のみの加入とされている者でも**日本の医療保険制度には加入する必要がある。**

○ 日本年金機構「協定相手国別の情報（チェコ）」
https://www.nenkin.go.jp/service/shaho-kyotei/kunibetsu/info/czech.html

12 スペインとの社会保障協定（平成22年12月発効）

協定の内容は，公的年金制度の**二重加入防止および加入期間の通算**です。スペインの老齢年金の最低加入期間は，15年とされています。スペインの保険期間だけでは要件をみたさない場合には，日本の年金加入期間を通算できますが，それには**スペインの保険期間が１年以上**でなければなりません。

そのほかの主な特色は，次のとおりです。

① 国際線航空乗務員については，その**雇用者の所在する締約国**の強制加入に関する法令のみ適用する。
② 一時派遣について，予見できない事情など特別の事情で５年を超える場合には，申請に基づき，両国で個別に判断し合意したうえで，５年以降も**３年間までは派遣元の制度のみに加入できる。**
③ スペインの**障害または遺族給付**については，日本の年金加入期間中に障害または死亡が生じた場合にも給付を受けることができる。

○ 日本年金機構「協定相手国別の情報（スペイン）」
https://www.nenkin.go.jp/service/shaho-kyotei/kunibetsu/info/spain.html

13 アイルランドとの社会保障協定（平成22年12月発効）

協定の内容は，公的年金制度の**二重加入防止および加入期間の通算**です。主な特色は，次のとおりです。

> ① アイルランドの老齢年金は，**最低加入期間が５年（260週）***とされている。**アイルランドの保険期間が52週以上**の場合は，日本の年金加入期間を通算できる。その際，日本での「１か月」を**4.33週として換算**される。
>
> ＊　給付が2012年４月６日以後に開始される場合は，10年（520週）。
>
> ② 国際線航空機の乗務員については，その**雇用者の所在する締約国**の強制加入に関する法令のみ適用する。
>
> ③ 一時派遣について，予見できない事情など特別の事情で５年を超える場合には，申請に基づき，両国で個別に判断し合意したうえで，５年以降も**３年間までは派遣元の制度のみに加入できる**。

○ 日本年金機構「協定相手国別の情報（アイルランド）」

https://www.nenkin.go.jp/service/shaho-kyotei/kunibetsu/info/ireland.html

14　ブラジルとの社会保障協定（平成24年３月発効）

協定の内容は，公的年金制度の**二重加入防止および加入期間の通算**です。ブラジルから日本への２回目以降の派遣の場合には，前回の派遣から１年が経過していること，というルールがあります（**１年インターバルルール**）。

そのほかの主な特色は，次のとおりです。

> ① 一時派遣について，予見できない事情など特別の事情で５年を超える場合には，申請に基づき，両国で個別に判断し合意したうえで，５年以降も**３年間までは派遣元の制度のみに加入できる**。
>
> ② 一時派遣に**随伴する配偶者および子**については，発給された適用証明書の裏面に記入し，事業主が証明を行う。
>
> ③ 協定発効前は日本在住のブラジル人はブラジルの年金制度に任意加入できたが，協定発効後は任意加入ができなくなっている。

なお，ブラジルの老齢年金は，最低加入期間が**15年**とされています。

○ 日本年金機構「協定相手国別の情報（ブラジル）」

https://www.nenkin.go.jp/service/shaho-kyotei/kunibetsu/info/brazil.html

15　スイスとの社会保障協定（平成24年３月発効）

公的年金制度（**加入期間の通算あり**），公的医療保険制度が二重加入防止の対象とされています。**障害給付**について，スイスの保険期間だけでは要件をみたさない場合には，日本の年金加入期間が考慮されます。**老齢給付**や**遺族給付**は最低加入期間が**１年**と短いため，この取扱いは行いません。

一時派遣については，予見できない事情など特別の事情で５年を超える場合に，申請をして認められれば，５年以降も**１年間までは派遣元の制度のみに加入できます**。

○ 日本年金機構「協定相手国別の情報（スイス）」

https://www.nenkin.go.jp/service/shaho-kyotei/kunibetsu/info/switzerland.html

16　ハンガリーとの社会保障協定（平成26年１月発効）

公的年金制度（**加入期間の通算あり**），公的医療保険制度のほか，ハンガリーの**雇用保険制度**も二重加入防止の対象とされています。

年金加入期間の通算は，保険事故によって次のようにわかれます。

年金の種類	加入期間の通算
老齢年金	ハンガリーの保険期間が**１年以上**である場合に限り，日本での期間を通算できる（ハンガリーの老齢年金は最低**20年**の期間が必要とされている）
遺族年金	
障害年金	行わない

そのほかの主な特色は，次のとおりです。

① 国際線航空機の乗務員については，その**雇用者の所在する締約国**の強制加入に関する法令のみ適用する。

② 一時派遣について，予見できない事情など特別の事情で派遣期間の延

長を希望する場合には，当初の派遣期間と延長期間の**合計が６年以内**であることを条件に，両国で個別に判断し合意すれば，引き続き**派遣元の制度のみに加入できる**。また，派遣期間の延長は**１回**に限る。

○ 日本年金機構「協定相手国別の情報（ハンガリー）」

https://www.nenkin.go.jp/service/shaho-kyotei/kunibetsu/info/hungary.html

17　インドとの社会保障協定（平成28年10月発効）

協定の内容は，公的年金制度の**二重加入防止および年金加入期間の通算**です。インドでは，老齢年金の最低加入期間が10年とされています。この要件をみたさない場合には，日本での年金加入期間を通算することができます。

そのほかの主な特色は，次のとおりです。

① 国際線航空乗組員については，その**雇用者の所在する締約国**の強制加入に関する法令のみ適用する。

② 一時派遣について，予見できない事情で５年を超える場合には，申請に基づき，両国で個別に判断し合意したうえで，５年以降も**３年間までは派遣元の制度のみに加入できる**。

○ 日本年金機構「協定相手国別の情報（インド）」

https://www.nenkin.go.jp/service/shaho-kyotei/kunibetsu/info/india.html

18　ルクセンブルクとの社会保障協定（平成29年8月発効）

公的年金制度（**加入期間の通算あり**），公的医療保険制度のほか，ルクセンブルクの**労災保険制度および雇用保険制度**も，二重加入防止の対象とされています。

ルクセンブルクの老齢年金は，最低加入期間が**10年**とされています。ルクセンブルクの保険期間だけではこの年数にみたない場合は，日本での年金加入期間を通算することができます。通算して要件をみたせば，ルクセンブルクの年金保険期間に応じた年金が支給されます。

一時派遣について，**5年を超える延長を認めるかどうかは，協定に定めがありません**。例外として，個別の事情を考慮し，ごく短期間なら延長が認められる可能性がありますが，判断するのはルクセンブルク社会保障大臣です。延長を希望するときは，**十分な期間をもって事前に申請**してください。

○ 日本年金機構「協定相手国別の情報（ルクセンブルク）」

https://www.nenkin.go.jp/service/shaho-kyotei/kunibetsu/info/luxembourg.html

19 フィリピンとの社会保障協定（平成30年8月発効）

協定の内容は，公的年金制度の**二重加入防止および年金加入期間の通算**です。フィリピン社会保障機構（SSS）による年金は，最低加入期間が**10年**とされています。フィリピンの保険期間が**1年以上**なら，日本の年金加入期間を通算することができます。

○ 日本年金機構「協定相手国別の情報（フィリピン）」

https://www.nenkin.go.jp/service/shaho-kyotei/kunibetsu/info/Philippines.html

20 スロバキアとの社会保障協定（令和元年7月発効）

協定の内容は，まず，公的年金制度の**二重加入防止および年金加入期間の通算**があります。また，スロバキア側では，**公的医療保険制度，労災保険制度，雇用保険制度**も二重加入防止の定めがあります。

スロバキアの老齢年金は最低加入期間が**15年**とされ，スロバキアでの加入期間で足りない場合には，日本の年金加入期間を通算することができます。

5年を超える一時派遣については，当初の派遣期間と延長された期間が合計**8年以内**であることを条件に，両国の当局間で個別に判断されます。

○ 日本年金機構「協定相手国別の情報（スロバキア）」

https://www.nenkin.go.jp/service/shaho-kyotei/kunibetsu/info/slovakia.html

21　中国との社会保障協定（令和元年９月発効）

協定の内容は，**公的年金制度の二重加入防止**です。**期間の通算は行われません**。

国際線航空機乗務員については，その者の**雇用者が所在する国の年金制度のみ**に加入します。

５年を超える一時派遣については，両国関係機関間で個別に判断されます。延長期間は，原則として**５年を超えないこと**とされています。

○　日本年金機構「協定相手国別の情報（中国)」

https://www.nenkin.go.jp/service/shaho-kyotei/kunibetsu/info/china.html

22　発効準備中の社会保障協定

本書の執筆時点では，イタリア，スウェーデン，フィンランドとの社会保障協定が「署名済み未発効」となっています。

	二重加入防止の対象	年金の期間通算
イタリア	公的年金制度，公的雇用保険制度	行わない
スウェーデン	公的年金制度	行う
フィンランド	公的年金制度，公的雇用保険制度	行う

また，**トルコ**とは政府間で交渉中であり，**オーストリア**および**ベトナム**とは「予備協議中等」となっています。

第7章

外国人雇用のための支援体制

1　雇用管理の改善

事業主は，その雇用する外国人がその有する能力を有効に発揮できるよう，職業に適応することを容易にするための措置の実施その他の雇用管理の改善に努めることとされています（労働施策総合推進法７条）。

また，「外国人労働者の雇用管理の改善等に関して事業主が適切に対処するための指針」では，適切な人事管理などについて次のように細かく定めています。厚生労働省作成の「外国人労働者の人事・労務に役立つ３つの支援ツール」などを活用し，一つひとつ解決していきましょう。

(1)　適切な人事管理，教育訓練，福利厚生等（抜粋）

適切な人事管理	・　社内規程等の多言語化 ・　円滑なコミュニケーションのための環境整備
生活支援	・　日本語教育 ・　日本の生活習慣，文化，風習，雇用慣行等について理解を深めるための支援 ・　地域社会の行事や活動に参加する機会を設ける ・　**居住地周辺の行政機関，医療機関，金融機関等の情報提供・同行**
苦情・相談体制の整備	・　相談窓口の設置 ・　行政機関の設ける相談窓口の教示
教育訓練の実施等	・　在留資格の範囲内で能力を有効に発揮しつつ就労するための教育訓練の実施 ・　**母国語での導入研修**
福利厚生施設	・　**適切な宿泊の施設を確保** ・　給食，医療，教養，文化，体育，レクリエーション等の施設の利用について十分な機会を保障

○ 厚生労働省「外国人の方に人事･労務を説明する際にお困りではないですか？」
https://www.mhlw.go.jp/stf/seisakunitsuite/bunya/koyou_roudou/koyou/jigyounushi/tagengoyougosyu.html

⑵　帰国および在留資格の変更等の援助

①　事業主は，その雇用する外国人労働者の**在留期間が満了し，在留資格の更新がなされない場合**には，当該外国人労働者の雇用関係を終了し，**帰国のための諸手続の相談**その他必要な援助を行うよう努めることとされています。

また，その雇用する外国人労働者が帰国する際，**病気等やむを得ない理由により帰国に要する旅費を支弁できない場合**には，当該**旅費を負担するよう努める**こととされています。

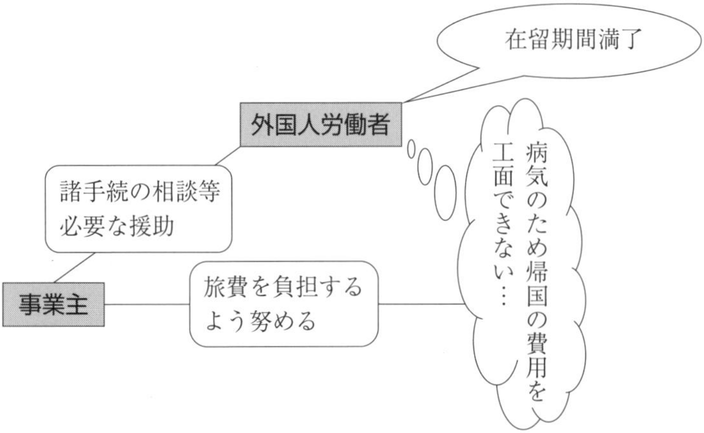

特に，**特定技能**の在留資格をもって在留する者については，**特定技能雇用契約の基準**として，当該外国人労働者が特定技能雇用契約の終了後の帰国に要する旅費を負担することができないときは，当該**旅費を負担する**とともに，**契約終了後の出国が円滑になされるよう必要な措置を講ずる**こととされている。

技能実習生については，帰国事由が自己都合による場合も含めて**監理団体（企業単独型技能実習の場合は事業主）が帰国に要する旅費を負担する**とともに，契約終了後の出国が円滑になされるよう必要な措置を講ずることとされています。

② 事業主は，外国人労働者が**在留資格を変更しようとするとき**または在留期間の**更新を受けようとするとき**は，その手続を行うにあたっての**勤務時間の配慮**その他必要な援助を行うように努めることとされています。

③ 事業主は，外国人労働者が**一時帰国を希望する場合**には，**休暇の取得への配慮**その他必要な援助を行うよう努めることとされています。

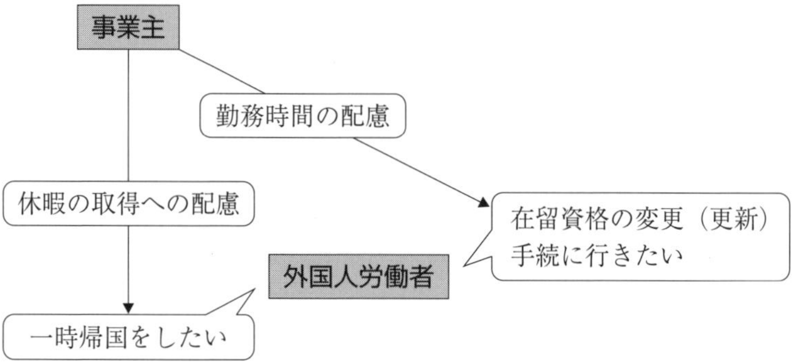

特に，**特定技能**の在留資格をもって在留する者については，特定技能雇用契約の基準として，当該外国人労働者が一時帰国を希望した場合には，**必要な休暇を取得させる**こととされている。

(3) 外国人労働者と共に就労するうえで必要な配慮

事業主は，外国人労働者を受け入れるにあたっては，日本人労働者と外国人労働者とが，**文化，慣習等の多様性を理解しつつ共に就労できるよう努める**こととされています。

2　雇用労務責任者の選任

事業主は，**外国人労働者を常時10人以上雇用するとき**は，一定の事項を管理させるため，人事課長等を**雇用労務責任者**として選任することとされています。

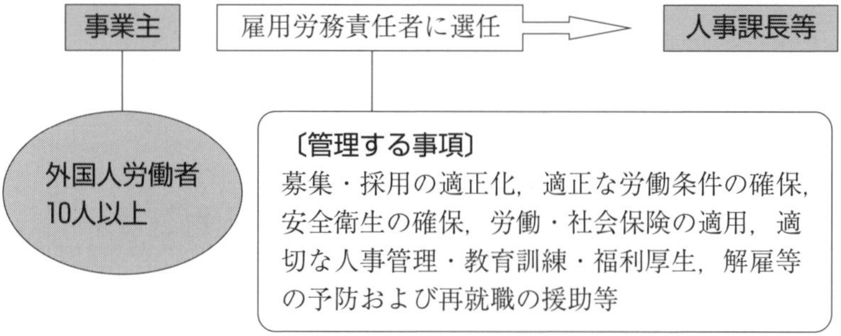

雇用労務責任者が管理する事項は多岐にわたります。たとえば人事課長Ａさんが選任されたとして，実際には，Ａさんを補佐する人が必要となるでしょう。そうすると，Ａさんを補佐する立場の人にも，一定の知識や配慮が求められます。情報の共有やプライバシーの保護についても，注意しなければなりません。

これらは日本人労働者の労務管理でも必要なことですから，**「外国人労働者の雇用をきっかけに，よりよい労務管理の体制を作っていこう」**という前向きな気持ちで取り組んでください。

3　外国人雇用管理アドバイザー

外国人雇用管理アドバイザーは，各都道府県に設置されており，**窓口はハローワーク**です。外国人雇用管理の改善について相談を受け，改善案を提示する役割を担っています。相談は，**無料**ですることができます。

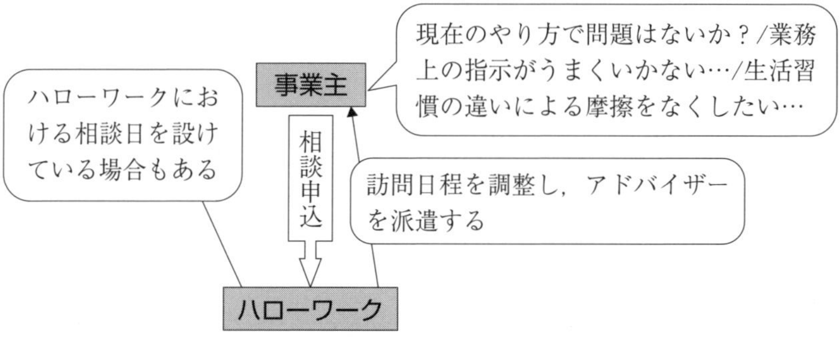

「外国人を雇用するにあたって考慮しなければならないことは何か？」といった相談も受け付けていますので，ぜひ相談してみてください。

○ 厚生労働省「外国人雇用管理アドバイザー」
https://www.mhlw.go.jp/www2/topics/seido/anteikyoku/koyoukanri/index.htm

4　外国人受け入れ企業を対象とするセミナー

厚生労働省では，外国人を受け入れる企業に対し，雇用管理のセミナーを実施しています。

たとえば，平成31年３月12日に開催されたセミナーでは，「**安全衛生上のキーワード**（「危ない」「触るな」「よけろ」など）を徹底的に理解してもらう」，「英文による**メール相談**を実施する」，「イスラム教徒である外国人社員のためお祈り部屋を設置する」などの好事例を紹介しています。

外国人雇用対策の催しは，**厚生労働省の「報道発表資料」**で随時案内されます。この案内を見逃さないためには，**厚生労働省のメールマガジン**を購読するのがお勧めです。

○ 秋田労働局職業安定部「外国人雇用管理セミナー」
https://jsite.mhlw.go.jp/akita-roudoukyoku/content/contents/000402306.pdf

5　外国人活用の好事例集

厚生労働省では，外国人活用の好事例集をまとめています。**採用機会，受け入れ準備**に始まり，**悩み相談，母国の風習を理解した柔軟な休暇制度，生活支援**などさまざまな場面での重要ポイントがわかります。

外国人労働者の受け入れは，企業全体としても，毎日接する同僚・上司の皆さんにとっても**新たな世界との出会い**です。初めてのことが多いのは当たり前ですから，このような資料も積極的に活用していきましょう。

○ 厚生労働省「外国人雇用対策」のページ中「企業における外国人材の活用促進に向けた好事例集について」より
https://www.mhlw.go.jp/content/000541696.pdf

6　外国人就労・定着支援研修（定住外国人就職支援コース）

厚生労働省では，国内企業における外国人の安定的な就職および職場定着の促進を図るため，外国人の就労・定着支援研修事業を実施しています。

研修の内容は，**職場における日本語コミュニケーション能力の向上，ビジネスマナーや雇用慣行，労働保険・社会保険制度等に関する知識を習得**することなどです。**費用はかかりません**。

受講申込は，原則として**住所地管轄のハローワーク**で行うことができ，公民館や職業訓練センターなどで開講されます。

〔定住外国人就職支援コース〕

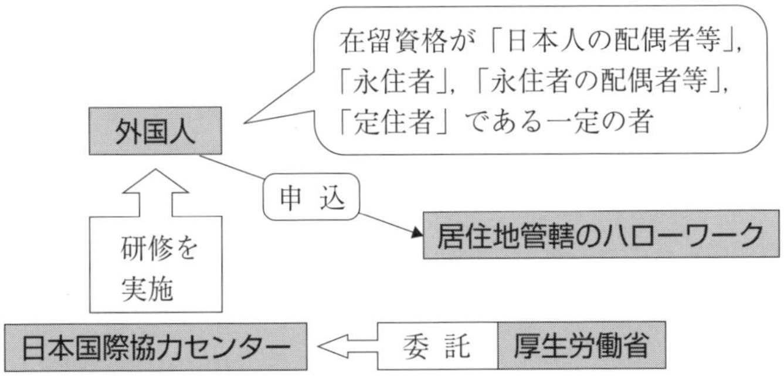

研修時間	120時間
研修の時間帯	日中，夜間，土日等，地域の実情や受講ニーズによる
実施地域	24都道府県（宮城，福島，茨城，栃木，群馬，埼玉，千葉，東京，神奈川，新潟，富山，石川，長野，岐阜，静岡，愛知，京都，三重，滋賀，大阪，広島，香川，島根，沖縄） ※　令和3（2021）年３月時点

コースは，日本語の学習段階にあわせて設定されています。研修の前に，レベルチェックテストが行われます。

○ 一般財団法人日本国際協力センター「定住外国人就職支援コース」*

https://www.jice.org/tabunka/course/

* このホームページは，日本語（ひらがな），ポルトガル語，スペイン語，英語，中国語，ベトナム語，タイ語，韓国語，フランス語，インドネシア語，ロシア語で見ることができます。

7　留学生の就職支援

厚生労働省は，卒業後に日本での就職を希望する外国人留学生のため，**入学後の早い段階からの就職支援**（就職ガイダンス），インターンシップなどを実施しています。

東京外国人雇用サービスセンター
名古屋外国人雇用サービスセンター
大阪外国人雇用サービスセンター
福岡外国人雇用サービスセンター

→ 留学生

就職ガイダンス，大学との協力，
インターンシップ，就職面接会，
職業相談・職業紹介

インターンシップは，東京，名古屋，大阪の外国人雇用サービスセンターおよび福岡学生職業センターが窓口です。インターンシップを受け入れる企業の方には，次のリーフレットが参考になるでしょう。**カリキュラム**や，**インターンシップ保険**などについてのQ&Aがあります。

○ 企業等関係者の皆様へ 外国人留学生のインターンシップ受け入れについて

https://www.mhlw.go.jp/bunya/koyou/dl/internship.pdf

また，**北海道地域**では，留学生の採用を検討している企業とのマッチングを総合的に支援する**外国人留学生採用サポート事業**を実施しています。

○ 厚生労働省委託事業 外国人留学生採用サポート事業 公式サイト

http://www.ryugakusei-support.com/index.html

8　外国人出張行政相談コーナー

外国人求職者が多い一部の地域では，**生活全般に対応できる相談窓口**が設置され，就労支援や生活支援を行っています。また，厚生労働省では，**通訳がいるハローワーク**の一覧を，対応言語，曜日，時間帯を明記して案内しています。

このような窓口をあらかじめ知っておくことも，外国人労働者を受け入れる企業側の安心感につながるでしょう。

○ 厚生労働省「外国人出張行政相談コーナーについて（開設場所）」
https://www.mhlw.go.jp/content/000588815.pdf

○ 厚生労働省「通訳を配置しているハローワークの一覧について」
https://www.mhlw.go.jp/content/000592865.pdf

（上記のPDFファイルは，厚生労働省ホームページの「外国人雇用対策」https://www.mhlw.go.jp/stf/seisakunitsuite/bunya/koyou_roudou/koyou/gaikokujin/index.htmlの中にあります。随時更新されています。）

9　市区町村等の相談窓口

事業主は，**外国人労働者の苦情や相談を受け付ける窓口の設置**等，体制を整備し，日本における**生活上または職業上の苦情・相談等に対応するよう努める**とともに，必要に応じ，地方公共団体が情報提供および相談を行う一元的な窓口等，**行政機関の設ける相談窓口についても教示するよう努める**こととされています。

たとえば，埼玉県川口市では，毎週火曜日から土曜日まで，日本語と外国語（英語，中国語，ベトナム語など）で**簡易な生活相談，日本語教室の案内**などを行っています。曜日と時刻によっては，**国際交流員・外国人相談員が特定の言語で対応**します。

外国人を雇用することになったら，地域の窓口を早めに確認しておくのがよいでしょう。

○ 埼玉県川口市「外国人相談窓口」

https://www.city.kawaguchi.lg.jp/soshiki/01060/020/4/3584.html

10　母国語での相談

外国での暮らしは，常に不安を伴うものです。外国人の方が母国語で相談できる窓口には，上記のほかにもさまざまなものがあります。そのいくつかをここにまとめておきますので，外国人労働者の方からの相談などの際に活用してください。

○ 一般財団法人自治体国際化協会（CLAIR／クレア）　多言語相談窓口一覧（住んでいる地域の**地域国際化協会**に相談できる）

http://www.clair.or.jp/j/multiculture/association/consultation_list.html

○ 外国人技能実習機構　**技能実習生向け**母国語相談（中国語，ベトナム語，フィリピン語，インドネシア語，タイ語，英語）

https://www.otit.go.jp/notebook/

○ 一般財団法人国際建設技能振興機構　母国語相談ホットライン（**外国人建設就労者**向け。中国語，ベトナム語，インドネシア語，フィリピン語，英語）

https://fits.or.jp/index.php/acceptance_business/hotline

11　外国人技能実習生総合保険・特定技能外国人総合保険

技能実習生や特定技能外国人の，**日本での病気や就業時間外の傷害事故**をカバーする保険があります。これは国際人材協力機構（JITCO）が保険契約者となる団体保険契約で，株式会社国際研修サービスが扱っています。

このような保険の存在と内容を把握しておくことも，外国人労働者の労務管理に役立つと思われます。

○ 国際人材協力機構「JITCOの支援サービス」

https://www.jitco.or.jp/ja/service/protection/index.html

○ 株式会社国際研修サービス

http://www.k-kenshu.co.jp

12　外国人在留支援センター

外国人在留支援センター（略称FRESC／フレスク，電話0570－011000または03－5363－3013）は，令和２（2020）年７月から稼働している公的機関です。

センター内には，東京出入国在留管理局，東京外国人雇用サービスセンター，東京法務局人権擁護部などの行政機関が集まっています。国際交流の促進や労働力不足の観点から，**外国人労働者の在留そのもの**を支援します。

〔支援内容〕

・　留学生の受け入れ・就職の促進
・　高度外国人材の受け入れ促進
・　外国人本人や家族の人権擁護
・　外国人が関係する法律トラブルの相談
・　査証相談
・　外国人雇用に伴う労働相談　等

○ 外国人在留支援センター案内リーフレット

http://www.moj.go.jp/isa/content/ 930005925.pdf

在留カード真偽判断4つのポイント

外国人を雇用する際に必ず御確認ください!

ポイント① 「MOJ」の周囲の絵柄の色の変化を確認

カードを上下方向に傾けると，「MOJ」の文字の周囲の絵柄の色がグリーンからピンクに変化します

ポイント② 顔写真下のホログラムの変化を確認

銀色のホログラムは，見る角度を 90° 変えると，文字の白黒が反転します

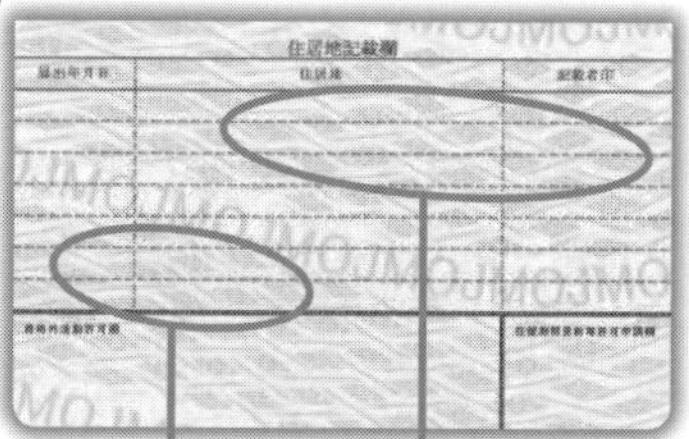

ポイント③ 左端の縦型模様の色の変化を確認

カードを上下方向に傾けると，
色がグリーンからピンクに変化します

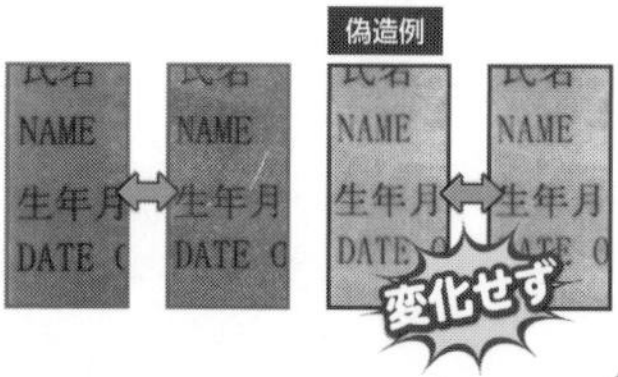

ポイント④ カード裏面の透かし文字を確認

暗い場所でカードおもて面側から強い光を直に当てて透かして見ると，「MOJMOJ・・・」の文字が見えます

第8章

新型コロナウイルス感染拡大に伴う外国人雇用のポイント

1　外国人に対する支援

本章は，２度目の緊急事態宣言期間中に執筆しています。新型コロナウイルスの感染拡大を防ぐため，多くの外国人が日本にやってこられなくなったり，母国に帰れなくなったりしました。このような場合に，どのような支援があるのでしょうか。

まず，さまざまな立場の外国人の方が利用できる支援情報をまとめました。スマートフォンを持つ方が増え，以下の情報は**「外国人　コロナ　支援」**といったキーワードで出てきますが，自分の国ではないところで正確な情報を探すのは難しいものです。身近に困っている外国人の方がいるときは，このようなサイトがあることをぜひ教えてあげてください。

○ **出入国在留管理庁「外国人支援ポータルサイト」**

http://www.moj.go.jp/isa/support/portal/index.html

「生活・就労ガイドブック」「生活・仕事ガイドブック」「困ったときの連絡先」のほか，新型コロナウイルス感染症対策についても，英語，ベトナム語などでの説明があります。「言語を選ぶ」から見ることができます。

○ **出入国在留管理庁「新型コロナウイルス感染症に関する外国人の在留諸申請について」**

http://www.moj.go.jp/isa/nyuukokukanri01_00154.html

入国を予定している人について，在留資格認定証明書の有効期間などの案内があります。

○ **外国人在留支援センター（FRESC／フレスク）**

http://www.moj.go.jp/isa/support/fresc/fresc01.html

新型コロナウイルスの影響で困っている外国人の方向けの電話相談窓口（0120－76－2029）があります。14の言語で相談を受け付けています。ビザが切れそうな場合，仕事がなくてお金がない場合，帰国できない場合など，さまざまな問い合わせに対応しています。

○ **厚生労働省「がいこくじんのみなさんへ　しごとやせいかつのしえんについて」**

https://www.mhlw.go.jp/stf/seisakunitsuite/bunya/koyou_roudou/koyou/jigyounushi/page11_00001.html

生活支援，技能実習生に対する案内（技能実習が継続できなくなった場合に利用できる制度，在留資格に関する出入国在留管理庁からのお知らせ），社会福祉協議会の案内，多言語による求人票の見方・求職申込書の書き方などがあります。

○ **一般財団法人　自治体国際化協会　多文化共生ポータルサイト**

http://www.clair.or.jp/tabunka/portal/info/contents/114514.php

新型コロナウイルスに関する，支援者向けの最新情報が掲載されています。

2　外国人留学生に対する支援

外国人留学生は飲食店や宿泊業でアルバイトをしている人が多く，新型コロナウイルスの感染拡大でアルバイト収入を失うという事態に追い込まれました。感染拡大を防ぐため，２度目の緊急事態宣言では特に飲食店の規制が厳しくなり，やむを得ず外国人留学生を解雇することになった事業主の方が多いことでしょう。

文部科学省では，外国人留学生の方に特化した情報を発信しています。

○ **文部科学省「日本に留学中の外国人学生の皆さんへ　外国人留学生向けの利用可能な制度一覧」**

https://www.mext.go.jp/a_menu/koutou/ryugaku/1405561_00006.htm

生活資金の貸し付け窓口，国民健康保険料の減額・免除，電気・ガス料金の支払期限延長に対応している会社の連絡先などが案内されています。在留資格の申請期間の延長や，帰国が難しい人のための手続きにも触れています。

3　技能実習生

技能実習生は，人手不足の日本において，特に農業や漁業の分野で欠かせない存在となっています。しかし，新型コロナウイルスの感染拡大により，令和２年（2020）年５月の時点で，これらの分野で3,300人もの技能実習生が来日できていないことがわかりました。このため農水省は，観光・運輸の分野から一時的に人手を募るという取り組みを始めました。

日本国内の問題はとりあえずそれで乗り切るとしても，来日できない実習生については，どのように取り扱われるのでしょうか。

以下，法務省の「技能実習生に係る新型コロナウイルス感染症への対応について　令和３年３月26日版」（http://www.moj.go.jp/isa/content/930005394.pdf）に沿って説明します。

①　入国が当初の予定より遅れそうな場合

認定を受けた技能実習計画の技能実習期間と**入国日**との間が，３か月以上空いているかどうかで，取扱いが異なります。

３か月以上空いていない	特段の変更届等の手続は不要
３か月以上空いている	「技能実習計画軽微変更届出書」を提出する

②　既に交付を受けている在留資格証明書の有効期間が経過した場合

有効期間が経過した場合は，改めて在留資格認定証明書の交付申請を行う必要がありますが，この有効期間には特例が設けられています。

通常	有効期間は３か月間
2019年10月１日以降に作成された在留資格認定証明書	・　2019年中に作成されたものは，2021年４月30日まで有効 ・　2020年１月１日から2021年１月30日までに作成

	されたものは，2021年７月31日まで有効 ・　2021年１月31日以降に作成されたものは，作成日から６か月間有効

③　一時帰国後の再入国ができないため実習の再開を遅らせたい場合

まず「**技能実習実施困難時届出書**」を提出し，再入国が可能となった後，「**技能実習計画軽微変更届出書**」を提出します。

技能実習実施困難時届出書	一時的な中断の開始日を明らかにする
技能実習計画軽微変更届出書	再開時期を明らかにする

④　技能実習の一時中断により在留期間を延長する必要がある場合

「技能実習実施困難時届出書」および「技能実習計画軽微変更届出書」の写しの添付により中断期間を明らかにし，地方出入国在留管理官署に在留期間の更新許可申請をしてください。

この手続きは，「技能実習生が入国後に，発熱等の症状が見られたため，しばらく様子を見た後に，入国後講習や実習実施者における実習を開始することとした」といった場合も同様です。

⑤　技能実習生が許可された在留期限内に再入国できない場合

改めて在留資格認定証明書の交付を受け，入国の手続きを行う必要があります。

⑥　本国へ帰れず，滞在費等のために就労したい場合

次のように，在留資格を変更することが認められています。

特定活動（就労可）（６月）	特定活動（就労不可）（６月）
従前と同種の業務で就労を希望する場合に限られる（就労先は変わってもよい）。 ↓ ただし，同種の業務の就労先が見つからなければ，一定の関係業務で就労することも可能。移行対象となる職種・作業が定められている。	帰国できる環境が整うまでの一時的な滞在 ↓ 本邦での生計維持が困難であると認められる場合は，資格外活動の許可を受けることにより，週28時間以内で就労することができる。

帰国できない事情が継続している場合は，これらの在留資格の更新を受けることができます。

なお，これらの在留資格変更は，公的医療保険の切り替えを伴う場合があります。

⑦　⑥の「特定活動（就労可）（６月）」の場合に，従前と同種の業務に関係する業務でも受け入れ先が見つからないとき

「**特定活動（就労不可）（６月）**」への在留資格変更が認められます。そのうえで，本邦での生計維持が困難であると認められる場合には，**資格外活動許可（週28時間以内で就労可能）**を受けることができます。

なお，「特定活動（６月）」への変更が許可された技能実習生について，生活費および帰国旅費は，技能実習生として受け入れていたときの監理団体（企業単独型の場合は実習実施者）が負担することになります。

⑧　技能検定等の受検ができないために次の段階へ進めない場合

受検・移行ができるようになるまでの間，「**特定活動（４月・就労可）**」への在留資格変更が可能です。ただし，**同一の受入れ機関および業務**でなければなりません。

⑨　実習先の経営悪化等により技能実習の継続が困難となった場合

一定の要件を満たすことにより，介護，農業等の14分野（特定産業分野）の範囲内で，異業種であっても就労が認められます。そのためには，「**特定活動（最大１年・就労可）**」への在留資格変更が必要です。

⑩　技能実習２号が終わる場合

準備ができていれば，「**特定技能１号**」に変更することができます。特定技能１号に変更する準備ができていない場合は，準備ができるまでの間，「**特定活動（４月・就労可）**」に変更することができます。

＜在留資格変更のまとめ＞

帰国が困難	特定活動（6月・就労可） 特定活動（6月・就労不可）
技能検定等の受検ができない	特定活動（4月・就労可）
技能実習の継続が困難	特定活動（最大1年・就労可）　※ 異業種でもよい。
技能実習2号から特定技能1号への準備が整っている	特定技能1号
技能実習2号から特定技能1号への移行準備が整わない	特定活動（4月・就労可）

また，優良と認められた会社で技能実習をする人は，「技能実習2号」から**「技能実習3号」**に変更することもできます。「優良」の認定要件には技能検定等の合格率が影響しますが，**新型コロナウイルス感染症の影響で受検が困難だった場合**は，「やむを得ない不受検者」として算定対象外とすることもできます。

別途，技能実習生向けに平易な言葉で作成された案内もあります。在留資格についての説明と問い合わせ先が掲載されています。

○ **出入国在留管理庁から技能実習生へのお知らせ**

http://www.moj.go.jp/isa/content/930005367.pdf

4 特定技能

新型コロナウイルスの影響で，「特定技能」での就労を予定していた人たちも入国できなくなってしまいました。これでは，その人たちの入国を待っていた企業は，ますます人手不足になってしまいます。

そこで，すでに日本にいる外国人の在留資格変更をサポートし，特定技能者として働いてもらおうという動きが広がっています。**留学生から特定技能へ，技能実習生から特定技能へ**といった変更例があります。

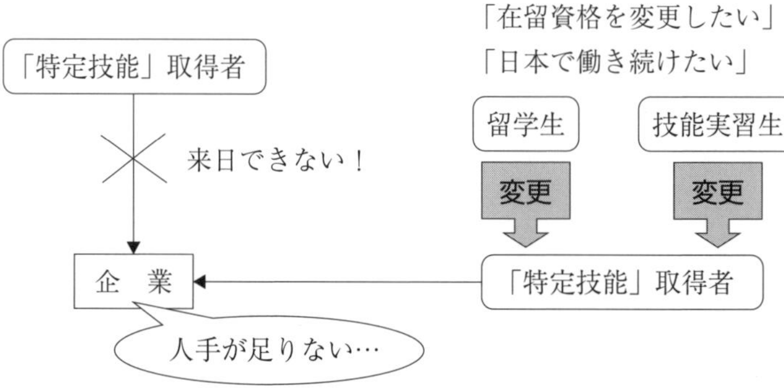

日本国内にいる人なら，試験に挑戦して合格するなどの要件をみたせば，すぐにも特定技能者として働けるというわけです。日本のビジネスマナーなどにも慣れていますから，**即戦力**として期待できます。

新たな在留資格「特定技能」は，このように，日本で働き続けたい外国人にとって，**確かな受け皿**となりつつあります。「特定技能の制度が始まっていてよかった」と，胸をなでおろした事業主の方もいらっしゃるでしょう。

当初想定された動きとは違っても，特定技能者として働く外国人の方は，これからも少しずつ増えていくはずです。

本書では，外国人労働者の方の相談場所を紹介してきましたが，「家族や友人の紹介がないと相談しにくい」といった声もあります（日本経済新聞，令和２（2020）年５月30日「帰れぬベトナム人労働者」）。

孤立させないこと，困ったら相談できる雰囲気を作っておくことは，日本人労働者の労務管理でも同じです。人事労務担当者の方は，ぜひ，外国人向けの関係機関のアドバイスを，**外国人労働者になったつもりで**読んでみてください。それが，支援の第一歩となるでしょう。

＜技能実習生に係る新型コロナウイルス感染症への対応に関するQ&A＞

●　監理団体（企業単独型技能実習の場合は実習実施者）は，技能実習終了後の帰国費用を負担することとされていますが，航空料金が高騰しているため，技能実習生本人にも一部負担させることはできますか。

いかなる理由でも，技能実習生に帰国費用を負担させることはできません。これは，「特定活動」等への在留資格変更が許可された技能実習生についても同様です。

●　感染予防の観点から，入国後講習を，インターネットを活用したオンラインで行うことはできますか。

入国後講習は，「座学で行われることに照らして机と椅子が整えられた学習に適した施設で行わなければならない」とされています。しかし，新型コロナウイルス感染症の影響を踏まえ，当面の間，音声と映像を伴うテレビ会議など，講師と技能実習生が，同時に双方向で意思疎通する方法により実施することも可能とされています。

●　技能実習責任者に対する養成講習が，新型コロナウイルス感染症の感染拡大の影響に伴い実施されず，技能実習計画の認定を受けられません。どうしたらよいですか。

新型コロナウイルス感染症の感染拡大による影響を踏まえ，「技能実習責任者に対する養成講習の開催延期等の事情により，技能実習責任者になろうとする者が養成講習を修了していない」場合でも，当面の間の措置として，技能実習計画の認定を行うこととされています。ただし，養成講習が再開された後遅滞なく受講する必要があります。受講後は，受講証明書を，技能実習計画の申請を行った機構の地方事務所・支所あてに提出してください。

〔参考文献〕

・　『外国人研修生の入国手続Q&A』財団法人国際研修協力機構
・　日本労働研究雑誌　2015年９月号「外国人留学生の受入れとアルバイトに関する近年の傾向について」，志甫啓
・　『外国人・留学生を雇い使う前に読む本』セルバ出版，永井弘行
・　『知らなかったではすまされない　外国人雇用の在留資格判断に迷ったときに読む本』税務経理協会，鶴野祐二・山岸孝浩・太田洋子
・　労働安全衛生法コンメンタール（労務行政研究所）
・　年金制度機能強化法の改正点の解説（年友企画）
・　日本経済新聞　平成30年11月２日「単純労働外国人受け入れ　入国管理政策を転換」
・　日本経済新聞　平成31年４月27日「特定技能　初認定は農業　カンボジアから２人　支援準備急ぐ」
・　日本経済新聞　平成31年４月15日「新在留資格，フィリピンで初の試験　介護分野対象」
・　日本経済新聞　平成31年３月10日「外国人実習生受け入れ　企業の法令順守　監視」
・　日本経済新聞　令和２年６月23日「外国籍の子　就学把握へ　政府基本方針　日本語教育は責務」
・　産経新聞　平成31年３月25日「外国人実習生死因４分の１で過労死疑い，自殺は１割弱　環境改善を」
・　日本経済新聞　平成30年11月23日「失踪実習生の聴取票開示　政府，参院予算・法務委に　野党議員，月給など書き写し」
・　日本経済新聞　令和２年２月９日「留学生在留審査　厳格に」
・　日本経済新聞　令和２年５月19日「コロナで実習生来日できず　１次産業，人材難に拍車　観光・運輸から「援農」促す」
・　日本経済新聞　令和２年10月30日「技能実習で除染　原告と会社和解　福島地裁支部」
・　日本経済新聞　令和２年11月27日「ベトナム語通訳　行政足りない　在留者急増でも育成遅れ」
・　日本経済新聞　令和３年２月８日「外国人実習生の乳児遺棄　根強い「妊娠で解雇」の誤解
・　朝日新聞　令和２年８月26日「技能実習後　異業種も許可」

〔参考URL〕

法務省　出入国在留管理庁

在留資格「特定技能」について
　https://www.meti.go.jp/press/2019/08/20190809002/20190809002-1.pdf
外国人技能実習制度について
　http://www.moj.go.jp/isa/content/930005177.pdf
特定技能１号在留外国人数（令和２年12月末現在）
　http://www.moj.go.jp/isa/content/001341039.pdf

特定技能外国人受入れに関する運用要領
http://www.moj.go.jp/isa/content/930004944.pdf
不法就労防止にご協力ください
http://www.moj.go.jp/isa/content/001331800.pdf
新型コロナウイルス感染症の影響により実習が継続困難となった技能実習生等に対する雇用維持支援
http://www.moj.go.jp/isa/nyuukokukanri14_00008.html

法務省　入国管理局
外国人労働者の受入れについて
http://www.moj.go.jp/content/000121299.pdf
高度人材ポイント制とは？
http://www.immi-moj.go.jp/newimmiact_3/system/index.html
技能実習制度の現状（不正行為・失踪）平成30年3月23日
https://www.meti.go.jp/policy/mono_info_service/mono/fiber/ginoujisshukyougikai/180323/4_moj-genjyou.pdf
技能実習生の入国・在留管理に関する指針
http://www.moj.go.jp/NYUKAN/nyukan92-7.pdf

公益財団法人（JITCO）国際人材協力機構　※旧・国際研修協力機構
外国人技能実習制度とは
https://www.jitco.or.jp/ja/regulation/
技能実習生の労務管理に係る各種法令の正しい理解のために
https://www.jitco.or.jp/ja/service/guidebook/

厚生労働省
インドネシア，フィリピン及びベトナムからの外国人看護師・介護福祉士候補者の受入れについて
https://www.mhlw.go.jp/stf/seisakunitsuite/bunya/koyou_roudou/koyou/gaikokujin/other22/index.html
在留資格「介護」の創設
https://www.mhlw.go.jp/file/06-Seisakujouhou-12000000-Shakaiengokyoku-Shakai/0000151592.pdf
「外国人雇用状況」の届出状況まとめ（令和2年10月末現在）
https://www.mhlw.go.jp/content/11655000/000728546.pdf
人手不足の現状把握について
https://www.mhlw.go.jp/file/05-Shingikai-11601000-Shokugyouanteikyoku-Soumuka/20141111-3_1.pdf
社会保障・税一体改革とは
https://www.mhlw.go.jp/stf/shingi/2r985200000297nt-att/2r98520000029ak3.pdf

不法就労に当たる外国人を雇い入れないようにお願いします

https://www.mhlw.go.jp/www2/topics/seido/anteikyoku/gairou/980908gai03.htm

ストレスチェック制度関係　Q&A

https://www.mhlw.go.jp/content/000536414.pdf

外国人雇用対策

https://www.mhlw.go.jp/stf/seisakunitsuite/bunya/koyou_roudou/koyou/gaikokujin/index.html

被用者保険の適用事業所の範囲の見直し（令和元年11月13日社会保障審議会年金部会）

https://www.mhlw.go.jp/content/12601000/000565930.pdf

日本年金機構

主要各国の年金制度の概要

https://www.nenkin.go.jp/service/shaho-kyotei/kunibetsu/20131220-01.html

年金Q&A（社会保障協定・国別）

https://www.nenkin.go.jp/faq/shaho-kyotei/kunibetsu/index.html

内　閣　府

『少子化社会対策白書』令和２年版　第１部「少子化対策の現状」

https://www8.cao.go.jp/shoushi/shoushika/whitepaper/measures/w-2020/r02pdfhonpen/r02honpen.html

総　務　省

外国人の受け入れ対策に関する行政評価・監視―技能実習制度等を中心として―結果報告書（平成25年４月）

http://www.soumu.go.jp/main_content/000219634.pdf

衆議院調査局法務調査室

外国人研修・技能実習制度の現状と課題

http://www.shugiin.go.jp/internet/itdb_rchome.nsf/html/rchome/Shiryo/houmu_200801.pdf

独立行政法人　日本学生支援機構（JASSO）

平成29年度私費外国人留学生生活実態調査　※この調査は隔年で実施されています。

https://www.studyinjapan.go.jp/ja/_mt/2020/10/seikatsu2017.pdf

株式会社　東京商工リサーチ

外国人雇用に関するアンケート　平成30年調査

http://www.tsr-net.co.jp/news/analysis/20181225_01.html

参考URLは，執筆時点で最新のものを掲載していますが，変更される場合があります。

＜著者紹介＞

古川　飛祐（ふるかわ・びゅう）
社会保険労務士。古川労務管理事務所（労働保険事務組合八幡共栄会併設）で27年間の実務経験がある。社労士試験をトップクラスで合格し，㈱労務経理ゼミナール，早稲田大学エクステンションセンター講師を歴任。社労士受験のための通学講座の全科目を秋保雅男講師とのコンビで担当し，受験生から高い信頼を得て，合格者を輩出してきた。現在は，実務のかたわら，実務書・受験書の執筆・校正等を手がけている。

（執筆・共著書）
「働く女性のための雇用・年金教室」，「社員が病気になったときの労務管理」，「やさしくわかる社労士業務便覧」，「年金Q&A 680第６版（補訂）」税務経理協会，「うかるぞ社労士シリーズ」週刊住宅新聞社，「ごうかく社労士基本テキスト」，「ごうかく社労士基本問題集」中央経済社，「社労士年金ズバッと解法」秀和システム，「法務教科書　マイナンバー実務検定１級合格ガイド」翔泳社　他

著者との契約により検印省略

令和３年６月15日　初版第１刷発行

やさしくわかる
外国人雇用の労務管理

著　者　古　川　飛　祐
発行者　大　坪　克　行
印刷所　税経印刷株式会社
製本所　牧製本印刷株式会社

発行所　〒161-0033 東京都新宿区下落合２丁目５番13号　株式会社 税務経理協会
振　替 00190-2-187408　電話 (03)3953-3301（編集部）
ＦＡＸ (03)3565-3391　(03)3953-3325（営業部）
URL　http://www.zeikei.co.jp/
乱丁・落丁の場合は，お取替えいたします。

ISBN978-4-419-06704-5 C3034